はじめて出会うキリスト教

オリエンス宗教研究所 編

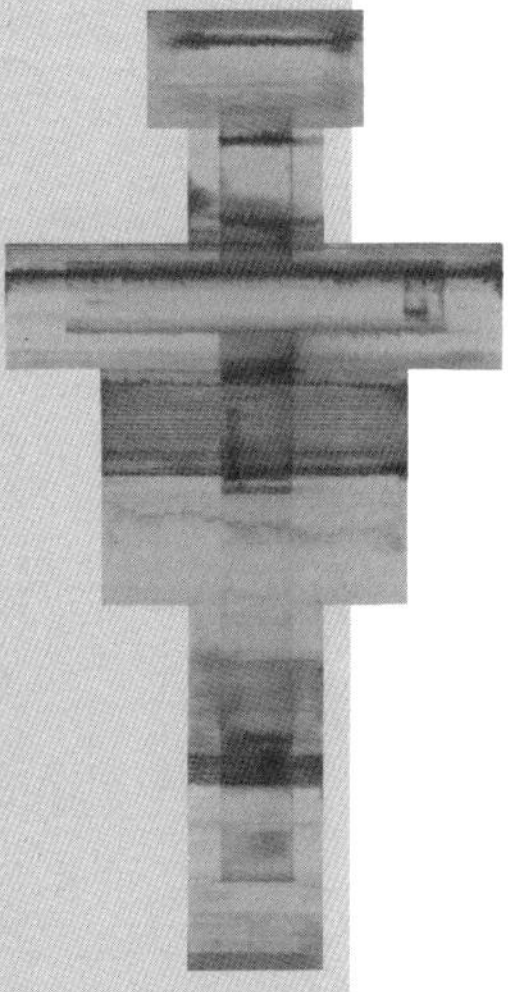

オリエンス宗教研究所

はじめに

およそ、どんな人でもしあわせになりたいと願っているでしょう。そのために、あらゆる手段や労苦をいとわず努力しています。ところが、これこそしあわせと望んでいたものが手に入っても、満足はそう長続きはしません。次にはまた別のものがほしいと思い始めます。そしていつまでもいつまでも続く満足が持てないために悩み苦しみ、あげくのはて、人間は苦しむために生まれてきたのかと落胆したり、人生の目的を誤ったりします。

人生の目的をしっかり見定めること、これは幸福への第一歩のように思われます。自分が、無意味で役だたない存在だと思うときほど、悲しいことはないからです。自分の存在の意義さえ、はっきりわかっていれば、そして、それが、永遠に続く喜びにつながっているとすれば、中途にどんな困難があっても、失望することはないはずです。

では、人生の目的は何なのか、是が非でもわたしが手に入れなければならない価値あるものとは何なのか、という問いが出てきます。

教会は最初、キリストをとりまくごく少数のイスラエルの住民でした。しかし、キリストはすでにこの集団が全世界に広がることを宣言されました。現在、全世界に数多くの信者がいて、キリストの教えられた人生の目的を信じ、愛する神に見守られていることを信じ、永遠の幸福を信じ希望しています。たとえ人生が、キリストのそれと同じく十字架の道であっても、です。

神の前では、人種も貧富も、その他どんな差別もありません。一人ひとりがかけがえのないだいじな神の子として、兄弟です。ここには、人間性の弱さにもかかわらず、物質主義の世の与え得ない平和がみなぎっています。神はすべての人をこの集まりに招いておられるのです。

本書をお読みになるにあたって

（1）本書はオリエンス宗教研究所・カトリック通信講座「キリスト教とは」のテキスト（十五分冊、初版一九八七年）に加筆修正を施し、新たに一冊にまとめたものです。

（2）本書での聖書本文の引用は、特段の記載がない場合は『聖書・新共同訳（旧約聖書続編つき）』（日本聖書協会発行）を用いています。

（3）本文中には聖書の各巻を示す略語が用いられていますが、例えば次のようになります。

【旧約聖書】「イザヤ」＝イザヤ書

【新約聖書】「マタイ」＝マタイによる福音書、「マルコ」＝マルコによる福音書、「ルカ」＝ルカによる福音書、「ヨハネ」＝ヨハネによる福音書、「ローマ」＝ローマの信徒への手紙、「一コリント」＝コリントの信徒への手紙（一）、「ガラテヤ」＝ガラテヤの信徒への手紙、「エフェソ」＝エフェソの信徒への手紙、「フィリピ」＝フィリピの信徒への手紙、「二テサロニケ」＝テサロニケの信徒への手紙（二）、「ヘブライ」＝ヘブライ人への手紙、「一ペトロ」＝ペトロの手紙（一）、「一ヨハネ」＝ヨハネの手紙（一）

目　次

はじめに
本書をお読みになるにあたって

第1講　おかげさまで　13
苦しいときの神だのみ／おかげをいただいた話／ふとしたきっかけ／自分を見つめる
【質問】科学が進歩すれば、宗教は滅びるでしょうか

第2講　最初の呼びかけ　29
第一声／時は満ち、神の国は近づいた／悔い改め／福音を信じなさい

【質　問】他の宗教の人とは結婚できないのでしょうか
●キリスト教とわたし――1　いくつもの出会い　末盛千枝子
第3講　あなたがたの父　46
父／天の父が完全であるように／神を愛しなさい
【質　問】神は、個々の人間の生き方に介入されますか
●キリスト教とわたし――2　信仰・気づき・癒やし　飯嶋正広
第4講　幸いな人　64
良い言葉だけでは／幸いな人／実践する人
【質　問】信仰とは、一種の洗脳ではないでしょうか
●キリスト教とわたし――3　すべてのわざには時がある　足立洋子

第5講　見ても見ず、聞いても聞かず　82
日のあるうちに／たとえ話／見ても見ず、聞いても聞かず
【質問】カトリックは、産児制限は本当に許されないのでしょうか
●キリスト教とわたし――4　〝そのひと〟との出会い　木崎さと子

第6講　互いに愛し合いなさい　100
愛と慈悲／互いに愛し合いなさい／愛するということ
【質問】キリスト教の教えは、とても実践できないと思います
●キリスト教とわたし――5　信仰体験　秋月辰一郎

第7講　あの人は何者だろう　120
「わたしを何者だと言うのか」／わたしは命を捨てる／十字架上の死
【質問】生まれたときから罪びとだ、というのはどういうわけですか
●キリスト教とわたし――6　答えの彼方、彼方の応え　若松英輔

第8講　主はよみがえられた　140
闇から光へ／よみがえりの朝／復活の意義
【質　問】数ある宗教のなかから、一つを選ぶ基準を教えてください
●キリスト教とわたし――7　「出会いの神秘」　伊藤幸史
第9講　いつもあなたと共にいる　158
峠を越えて／母マリアと共に／助け主なる聖霊／聖霊降臨／いつもあなたと共にいる
【質　問】良心は教育と環境によってでき上がるものではないのですか
●キリスト教とわたし――8　信仰体験　重兼芳子
第10講　いのちの泉・祈り　176
手を合わせて／祈り／主の祈り／いのちの泉・祈り
【質　問】キリスト教は、規制が多くて堅苦しい感じがしますが
●キリスト教とわたし――9　放蕩むすめ　いぬいとみこ

第11講　キリストの望まれた共同体　194
社と教会堂／キリストの望まれた共同体／教会の不思議な発展／新しく生きる
【質問】カトリックは離婚を認めないそうですが、なぜですか
●キリスト教とわたし――10　生きていく意味　滝島恵一郎

第12講　日々に新たに　212
弱い私／痛みをおぼえる／あなたに対して罪を犯しました／日々に新たに
【質問】神が愛ならば、なぜこの世に苦しみがあるのですか
●キリスト教とわたし――11　不満・不平が募る時　平林国彦

第13講　いのちのパン　230
食卓を囲んで／これはわたしの体／ミ　サ／旅する教会
【質問】死ぬ間際に洗礼を受けるのが、いちばん得ではないですか
●キリスト教とわたし――12　カトリック信仰は「からだ」とともに　田畑邦治

第14講　私たちのいのち　248
人生の完成に向かって／老人を敬う／信仰の試金石／病者の塗油／人生の完成点／死と永遠のいのち
【質　問】宗教は、普通の人には特に必要ないと思いますが

第15講　信仰による新しい価値観　265
真の自由人／キリストであったら／復しゅう心からの解放／来世はある／苦しいとき／あなたは愛されている／感謝は恵みを招く
【質　問】「あがない」による救いとは何でしょうか

第1講　おかげさまで

苦しいときの神だのみ

こんもりと繁った木立に囲まれて、静かなたたずまいを見せる農村の古い社《やしろ》、それはわが国のどこにでも見られた風景です。遠い昔から、その社へ登る石段、そして石畳を踏みながら、杖《つえ》をひく老人が、農夫が、その妻が、さまざまな問題をかかえ、願いごとにやってきたことでしょう。農夫にとっては家族の生死にかかわる作物の成育、ひでりの年、冷害の年、害虫の発生などの心配がありました。主婦には子どもの成長、病気への恐れも絶えなかったでしょう。老人たちは肉体の衰え、自分たちがそうであったように、身を粉にして働いても生活の楽にならない息子たちの姿を嘆いたかも知れません。それぞれの願いをこめて、長い年月どれほどの人が重い足どりで、その石段を上り下りしたことでしょうか。

医学も科学も社会もまだ進歩していない時代、そのころの人々は、よくないことが起こると、それを神々の怒りとも思い、神々をなだめ、祭り、願う以外にないと考えました。困ったこと、悲しいこと、苦しいこと、自分の力ではどうにもならないことは、すべて神々にすがって助けてもらうしか方法がなかったのです。

ところが、これほど医学や科学、社会福祉の進んできた現代、昔ほどではないにしても、また願う内容は変わったとしても、こうしたことは続いているのではないでしょうか。お年寄りの方々が、長びく病気になって子どもの手をわずらわさないよう、ポックリあの世に行けますようにと、お寺参りに出かけることも多いと聞きます。入学試験の時期になりますと、若い学生や親たちが、合格祈願のために各地の神社に出かけて行きます。病気がはかばかしく回復しない、事業が思うように伸びない、良縁に恵まれないなどと、占ってもらったり、祈禱《きとう》してもらうこともまだまだ続いています。また、そうしたことだけを宣伝する宗教団体もかなりあるようです。ですから、何かの宗教に入っている、信仰をしているという人に向かって、「どんなおかげがありますか」「ご利益《りやく》がありますか」と聞く人もありますし、若い人が信仰に入ったと聞きますと、「若いのにどんな悩みがあるのだろう」と考える方もあるようです。

日本の仏教を外国に紹介した有名な学者、鈴木大拙《だいせつ》（一八七〇－一九六六）は、「ただ宗教と言うと普通一般には誤解を生じやすいのである。日本人は宗教に対してあまり深い了解をもっていないようで、あるいは宗教を迷信の又の名のように考えたり、あるいは宗教でもなんでもないものを宗教的信仰で裏付けようとしている」と言っています（鈴木大拙著『日本的霊性』岩波文庫)。

わが国では、一口に宗教といっても、その団体はたいへんな数になりますが、「おかげ」「ご利益」をいただくだけのものと考えるなら、真の宗教の持つ深い意義が見失われてしまうでしょう。と、言いながらも、信仰しておかげをいただいた、ご利益があった、という話を時折耳にします。なにげなく使う言葉のなかにも、「お元気ですか」「はい、おかげさまで」これは習慣的、形式的な挨拶《あいさつ》の言葉になっているのですが、やはりそのもとは、元気なのは、あるいは合格、縁組できたのは、何かの「おかげ」という根強い伝統から使われているのではないでしょうか。

おかげをいただいた話

〔例一〕五十歳なかばの、ご主人に先立たれたある婦人が、体調をくずして入院していました。お医者さんもはっきりした病名を告げられないままに、その婦人は食欲もなくなり、日に日に衰弱していったのです。これはと心配した親族や近所の人たちは、神社で祈願をし、大小のお札《ふだ》を受けて病人の枕《まくら》もとに飾ったのですが、不思議なことにそれからしばらくして婦人は食欲も出てきて、主治医も驚くほどめきめきと回復し、やがて元気になって退院したのです。お札《ふだ》を持っていった人々は「おかげがあった」と喜んだそうです。

〔例二〕ある中年の商店主は、店のことは奥さんにまかせっきりで、ギャンブルや酒に日々を過ごしていました。奥さんは一生懸命に働いたのですが、女手一つではたいへんな苦労だったのです。この奥さんはある宗教に入っていたので、主人が立ち直ってくれるようにと毎日祈っていたのですが、ある時期から主人が少しずつ店の仕事にもどり、ギャンブルから足も遠のき、酒も家でだけ飲むようになり、店の仕事に精出すようになったのです。そしてやがて店を拡張するまでになりました。その奥さんは、「おかげをいただいた」とたいへん喜んでいました

ただ二つの例ですが、こうした話は案外多いようです。とすれば、やはりおかげやご利益はあるのでしょうか。

例一の婦人の話をよく聞いてみますと、こうなのです。ご主人を失い、子どもたちもそれぞれ独立して離れて行き、一人になったとき、この婦人は生きていく張り合いがなくなったそうです。それにだれも自分を相手にしてくれないのではないかと思いこむようになりました。そのころから体の調子も悪くなり、自分でも病気だと思いこみ、医師のすすめで入院することになったのですが、いっこうにはかばかしく回復しないばかりか、人の目には重病人のようになっていきました。ところが、身近な人々が次々に持ってきてくれた神社の祈禱札《きとうふだ》を、ある日病院のベッドに座ってながめていたとき、ふと「私のためにこれほど皆が心配してくれるとは思わなかった。皆に心配かけないように、もう一度元気を出して何かのお役に立とう」とつくづ

く考えたそうです。そのころから病気は回復に向かったのです。

これは精神医学や心理学の面から考えれば、単純なたわいのない話で、主治医の先生も当然気がついていたと思うのですが、その婦人にとっては、光に背を向けていたのに、そのいのちの光に向き直ったきっかけとなったのが、祈禱札だったのです。でもそのお札が力を発揮したというのではなく、自分のために心配してくれる人々の温かい心が、この婦人の内面で、光となったのです。それでも、表面的に見れば、祈禱札がきっかけとなったのですから、「おかげ」といっていいえないことはないでしょう。

さて例二の奥さんは、主人の乱行にも耐えて、いつかは立ち直ってくれると信じて祈っていたのです。それが、毎日主人を非難したり、口ぎたなくののしったり、くどくど愚痴《ぐち》を言っていたら、主人は再起するどころか、破局にまで至ったことでしょう。その主人がある雨の日、酒を飲み過ぎて頭が痛く、店の奥の部屋で横になっていたところへ、店のほうから、奥さんが客に精一杯の愛想を言いながら、品物をすすめている声が、耳に入ったのです。それを聞きながら主人はふと、「ああ女房がかわいそうだなあ……」とポロポロ涙が出たそうです。その主人は、いくらがんばっても思うように商売が伸びない、自分はまったく商売には向いていないのだと自信を失い、次第に遊びのほうに足を踏み込んでいったのですが、その日を境に少しずつ店の仕事にもどったと話していました。主人からそのきっかけを聞かされていない奥さんは、それを信仰のおかげと考えたのも無理はありません。

この例も、考えてみますと単純な話のようですが、その主人の更生のきっかけになったのは、特別な出来事ではなくて、日々の変わりない生活のなかで、ある日ふと光のほうに向き直ることができたのです。

この二つの例に限らず、世の中にはふとしたきっかけで、立ち直るという例は多いようです。それを「おかげ」といってもいいでしょう。「ご利益」といってもいいでしょう。その人々は、尊い人生を光のほうに向け直したのですから。ここで〝ふとしたきっかけ〟について考えてみましょう。

ふとしたきっかけ

ほんのちょっとしたことがきっかけとなって、手におえないと思われていた非行少年が更生したり、離婚直前の夫婦が愛情を取り戻したりというようなことはよくあるものですが、そのきっかけというのはだれにでもあてはまるということではなく、千差万別です。「どうして?」と聞いてみても、その本人にもはっきり答えられないこともあるでしょう。ある人は本を読んでいて、あるいはテレビを見ていて、また、一人で山を歩いているときなど、一人ひとりが、ふとそれまでの生き方や考え方を変えるきっかけをつかむのは、実にさまざまのようです。ところで、このように生き方や考え方を変えた人々の話を聞いてみますと、自分の生き方、考え方が「これでよいのか」「これではいけない」「こんな考えではだめだなぁ……」と、心のなかで思い続けていた人、あるいは自分では意識していなくても、心の深いところでそんな思いが渦《うず》まいていた人、そのような場合、ふとしたことで流れを変えていくことが多いのは確かです。

ところが人間は、年をとるに従って長い習慣のとりこになったり、頭が固くなって自分の考えを変えようとしないことがあったりするようです。

Mさんという老人、といっても六十なかばの人ですが、家の人はもちろん近所の人からも、うるさい頑固なおじいさんとしてとおっています。家で孫たちがちょっと大きな声を出すと、すぐ「うるさい！」とどなりますし、家の前で近所の子どもが騒いで遊ぼうものなら、すごい勢いで飛び出して追いはらいます。自分に少しでも気に入らないことがあると、家の人、近所の人の見境なくどなりちらします。だれが意見をしても聞き入れるものではありません。そのMさんが腰を痛めて入院することになりました。家族も近所の人々も心のなかではやれやれと思ったそうです。ところがこんどは病院第一のきらわれ者になったというのです。考えてみればMさんも気の毒な人です。自分を変えようとはしないで、自分だけよければよいという考えですから、だんだん人々のなかで一人ぼっちになってしまったのです。さみしいからいっそう頑固になっているようです。Mさんはよほどのきっかけでもないと、考えを改めることは難しいでしょう。

同じくらいの年齢で、仕事を退き趣味を生かして日々を送っているAさんは、次のように話をしてくれました。「私は毎日の新聞をていねいに読みますし、時間をきめて、以前から読みたいと思っていた本を読むことにしていますが、一日のうちに『なるほどなあ』『そうだったなあ』と思うことが、必ず一つや二つあります。私はそれをありがたいことだと思い、生きがいとも思っています」。このAさんは、やわらかい頭と心を持っている人で、毎日新しい発見をして、自分の生き方を考え、少しでも進歩しようとしているのです。

Mさんとさんのお二人は、極端に対照的な生き方をなさっていますが、あなたはどうお考えになるでしょうか。人間は、ある程度の年齢になれば、だれがなんと言おうと自分の筋を通して生きたほうがよい、とお思いでしょうか。それとも、この世の生を終えるまで、常に新しい道を求め続けるべきでしょうか。

どんな世界においても、この、ふとしたきっかけから大きく人生の方向を変えた人物は多いのです。弘法大師空海も、最初は官吏になるために都の大学に入って勉強していたのですが、やがてその大学を飛び出して山野をさまよいます。後に中国に留学し、帰国して高野山を開く有名な僧となるのですが、空海の伝記を読みますと、ふとしたきっかけを何度も経験したことがわかります。

キリストの教会でも、ふとしたきっかけからそれまでの生活を変えて、聖人への道を歩んだ人も少なくありません。どうにもしかたのない不良少年であったり、名誉や富を目指していた人もあれば、ふしだらな生活をしていた婦人もいるのです。病院や病人の保護者として尊敬されているカミロという聖人は、子どものころから手におえない乱暴者で、やがて軍隊に入ったのですが、ギャンブルが大好きで、とうとうギャンブルに負けて住むところもなくなってしまいました。飢え死に寸前に修道院に救われるのですが、なかなか信仰を持つことができなかったのです。ところが、以前痛めていた足の傷が悪化し、病院に収容された二十五歳のころ、病院を訪れたある司祭と出会ったことがきっかけとなって、今までの生活から立ち直ることができました。そしてその後の生涯を、病気で苦しむ人、貧しい人、世間から見捨てられた人々のために素晴らしい働きをしたのです。もし、修道院に救われなかったら、入院しなかったら、その司祭に会わなかったら、おそらく名も知れず死んでいったことでしょう。

ふとしたきっかけが、人々の考えを大きく変えることがあるのは確かです。しかし、自分を見つめるという日ごろの態度が必要です。自分の生き方はこれでよいのだと考える人、自分だけよければよいと考える人には、そのきっかけはなかなかつかめないようです。

自分を見つめる

笑い話に、ある見世物小屋で、「世界で一番おそろしいもの」を見せるという看板がありました。入場料を払ってなかに入りますと、なんのことはない大きな鏡が一枚立てかけてあるだけで、その横に「世界で一番おそろしいもの」と書いてあったそうです。そこに写る自分の姿

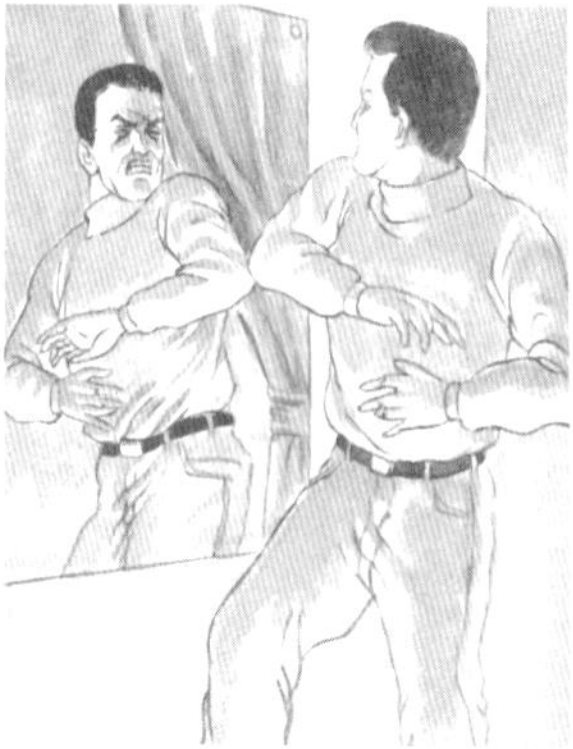

を金を払って見たというばかな話ですが、しかし、そこに写る人間というものは、地球を支配しボタン一つで全人類の大半を殺してしまう武器まで作るのですから、ライオンやトラなど問題にならない一番おそろしい存在ではあるのです。でも金を払って自分の姿を見せられた人はどうでしょう。なかには「私の姿もまんざら捨てたものではないなあ」と、鏡の前で一回転ぐらいして出る人もあるでしょうが、多くの人はだまされたと怒りだすでしょう。そのとき、古い仏教歌にある「腹立たば鏡をだして顔を見よ、鬼の姿がただで見られる」にあるように、怒った自分の顔をおそろしく感じて帰ったかもしれません。

私たちは男にしても女にしても、鏡を見るとき、そこに写る自分の外面的な顔は見えても、自分の内面を見るのは難しいことです。他人の過ちや欠点は実によく見えるのに、自分のことは案外見えないことがあるのです。夏の高校野球の地方予選で、一回戦で敗れた投手の少年と一緒に、準決勝戦をテレビで見る機会がありました。「こういうときはひく目の直球でなければいけない」「あのバッターにカーブを投げれば打たれるのはあたりまえだ」などと、名解説をしてくれます。それほどよくわかっているなら、その少年ももう少し良い成績をあげたのではないだろうか……と思いながら聞いていました。でもその少年を笑うことはできません。私たちにも大なり小なり同じようなことがあると思うのです。「自分のことは棚にあげて」人のことをあれこれうわさ話をする、それは気の合った人が数人集ったときの楽しい話題とさえ思われているようです。日本の古典のなかで有名な『枕草子』にも次のような言葉があります。

〝いかでか　いはではあらむ　わが身をばさし措きて　さばかりもどかしくいはまほしきものやはある〟

自分のことは別にして、人のうわさは無性にしゃべりたいものだ。と清少納言は言っているのです。がそのあとに

〝されどけしからぬやうにもあり……〟

と、さすがにあまりいいことではないと反省の言葉を書いています。

人のことはあれこれよくわかるけれども、自分のことは知ろうとしない。それではいけませんよ、と。これはずいぶん昔から指摘されていたようです。仏教の経典のなかに、法句経（ダンマパダ）というのがありますが、そのなかに

「他人の悪いところばかり見たり、その人がしたこと、あるいはしなかったことをあれこれ取り上げて言うのではなく、ただ自分のしたよくないこと、あるいはしなければならないのにしなかったことをよく見なさい」という教えが出ています。

また日本人にとってなじみ深い、孔子《こうし》の『論語』には、

「子曰《いわ》く、躬（み）自ら厚くして、薄く人を責むれば、即（すなわ）ち怨（うら）みに遠ざか

る」とあります。人を責めるより、まず自分自身をきびしく責めなさいと諭していま す。『枕草子』と並んで古典の代表ともされる『徒然草《つれづれぐさ》』のなかにも

「賢げなる人も、人の上をのみはかりて、己れをば知らざるなり。我を知らずして、外を知るという理（ことわり）あるべからず。されば、己れを知ると、物知れる人といふべし」

などと吉田兼好《けんこう》は書いています。

さて、この講座の中心となる『新約聖書』を開いてみるとどうでしょうか。イエス・キリストの次の言葉があります。

兄弟の目にあるおが屑《くず》は見えるのに、なぜ、自分の目の中の丸太に気づかないのか。兄弟に向かって、『あなたの目からおが屑を取らせてください』と、どうして言えようか。……まず自分の目から丸太を取り除け。そうすれば、はっきり見えるようになって、兄弟の目からおが屑を取り除くことができる（マタイ7・3－5）。

ずいぶん大げさなたとえ話のようですが、イエスは周囲に集った人々によくわかるように、ユーモアをまじえて話されたのかもしれません。

たしかに私たちは、他人のことはよく気がつくけれども、自分のことは案外わかっていない、いや知ろうともしない。これは釈迦《しゃか》・孔子・キリストの時代以前から続いている人間の習性で

しょう。しかしそれではいけないと教え諭されても、それはそうだと一日で考えを変えるなんてことは、なかなかできるものではありません。わかってはいても、何人か集まって、人のうわさ話や悪口が出るとその仲間に入ってしまう。親子、夫婦にしても、なにかあると自分のことはさしおいて相手を悪く思い、怒ったりぶつぶつ言ったりしています。教訓書や聖書を読んだり、また良い話を聞いても、頭に浮かぶのは「あの人もこんな本を読んだり話を聞いて、少しでも気持ちを変えたらいいのに」と、もう他人のことを考えてしまうのです。

孔子は、人のことでなく自分のことを深く知ることによって、他人との争いや恨みから自分を遠ざけることができると教えています。キリストは、まず自分のことをよく知って、それから人のことを見るようにしなさいと教えています。『徒然草』で兼好は、自分をよく知っている人こそ、ものの道理をわきまえた人だと語っています。

私たちが、他人を見る目を自分のほうに向けるならば、私たちの人生はその方向を変えることができるでしょう。そのとき心がやわらかくなって、〝ふとしたきっかけ〟をつかむことができるのです。そしてまた、今まで気がつかなかった新しい光を見出すにちがいありません。でも、それは人から押しつけられて、無理やりにそうさせられるというものではなく、一人ひとりが自分で気づき、自発的に目を向け直さなければならないことです。禅でいう「身心脱落」とは、真の自己を知ることでしょう。しかし、一度や二度、座禅をしたからといって、そう簡単に悟りを得るものでないことは、周知のとおりです。

昔の人は、小石が「カチッ」と竹にあたった音を聞いて悟りを開いたとか、階段をころげ落ちて悟ったなど、面白い話がたくさん伝えられていますが、しかし、複雑な現代社会、騒音の絶えない環境のなかにあっては、自分を見つめたり、自己を知ったりなどということはできない、そんな余裕などない、と思われるかもしれません。また、管理された社会のなかにあっては、ひたすら「自己を殺して」生き抜かなければならないという声もあります。しかし、その殺す自己という「自己」とは何なのでしょうか。それさえも、自己から目をそらそうとしている言葉ではないでしょうか。そうではなく、社会が複雑になればなるほど、自分を見失ってはいけないのです。自分を知り、自分を確立しなければ流されてしまうのです。

このテキストでは、キリストの言葉や行動をとおして、キリストが何を私たちに望み、そしてキリストの教会、いわゆるキリスト教では何を私たちに教えようとしているのかを、あなたと共に学んでいきたいのです。それで、頭からこうしなければいけないとか、掟《おきて》に従わなければならないというのではなく、私たちがあるとき自分を振り返る、今まで別に気に留めなかったことに気を留めてみる、そういう自発的な、あなた自身の発見のためにお手伝いをしたいのです。と同時に、あなたの内面で、あなたをより明るい光に向けようと働きかけている何かがあることも知っていただきたいのです。

次の講からは、キリストが何を私たちに訴え、何を望まれたか、日本人になじみ深い人々の言葉などを引用しながら、話を進めてまいりましょう。

Q 宇宙や生命の神秘が次々に解明されている現在。科学が進歩すれば、宗教は滅びるでしょうか。

A この世界で、科学や技術の発達により、いろいろのことが解明されて、私たちの生活は便利になり、明るくなりました。エネルギーの利用、薬品の力、空を飛んで月までも行けます。この科学技術は、これからもますます進むことでしょう。

しかし、それだけに何ともできない部分も目立ちます。例えば、食べること、寝ては起きること、勉強することなどは、科学が進歩しても毎日、同じように繰り返さなければなりません。また、苦しみや悩みもそうです。科学や技術が発達しても、夫婦げんかや親子げんか、人間同士の衝突などは減りません。離婚の数も増える一方です。未だに髪の毛がふさふさになる決定的な薬がありません。

仮に、科学がこれらを全部うまく解明できるとしても、最後に残る問題が出てきます。年をとること、そして死ぬこと。これをさらに死ななくて済むことにしてみましょう。ぞっとするような話ですが、人造臓器と薬の力で幾千年も生きられるとするとここでまた、生きるということ自体が、問題になってきます。

何のために生きているのか、生きがいって何だろう。人間は、ただ食べて働いておればよい、というものではありません。生きる意味を求めて悩むのです。つまり、生と死の問題が、最後まで残るとは思いませんか。そして、これこそ神の問題、つまり宗教や信仰のことなのです。

第2講　最初の呼びかけ

第一声

選挙が始まりますと、候補者は立候補届をすませ大急ぎで事務所に帰り、大きなタスキを掛けて、集まった支持者の前に現れます。そして、そこで前もって十分に準備しておいた第一声をあげてから選挙区の遊説に出発します。これはいつもの見なれた選挙風景です。当選するため、支持を得るため、その第一声は大切なのだと思います。

さて、わがイエスは、人々の前に出て、最初に何を呼びかけたでしょうか。

その話に入る前に、イエスという人物を紹介しておきましょう。イエスといったりキリストといったり、なにかややこしいように思われるかもしれません。イエスという人物が公に人々の前で活躍したのは、三十歳のころから長くても三年ほどと考えられています。その間ナザレのイエスと呼ばれていました。日本流にいえば、奈良の田中さんとか千葉の山本さんなどと同じように、ナザレという村のイエスということです。イエスという名はヘブライ語です。日本語に訳しますと「神救いたもう」というような表現になるようで、当時は別に珍しい名前ではなかったといわれています。キリストというのはギリシア語で、「聖油を注がれた者」という意味で、後に弟子たちがイエスはキリストであったと宣言して以来使われることになった称号ですから、イエス在世中はナザレのイエスということになります。そのイエスがなぜキリストであったか、これはとても大切なことですから、この講座でも少しずつ考えてまいりましょう。

キリスト教といえば、外国の宗教といわれ、耳慣れない名前や土地の名が出てきて、どうもなじめないという人があります。そのため、この講座では最小限必要な名前や地名だけを使って、できるだけカタカナを少なくしたいと思っています。

さて、今からだいたい二千年前、イスラエルの国の北部地方、美しい湖のほとりで一人の男が人々に呼びかけていました。その風体は、そのあたりの人々と特別に変わったところはなかったけれども、その声は威厳に満ちていたのでしょうか、多くの人々が歩みを止めて耳を傾けます。

時は満ち、神の国は近づいた。悔い改めて福音を信じなさい（マルコ1・15）。

この言葉は、それを耳にする人々の心に強く響きました。現代の私たちが聞いても、さほど感動を覚えない言葉かも知れませんが、後にもお話ししますが、当時のイスラエルの人々にとって、「神の国は近づいた」という呼びかけには大きな意義があったのです。この呼びかけは、イエスの教えの出発点でもありました。

さて、私たちにもなじみ深い釈迦《しゃか》の第一声はどうだったでしょうか。王宮の王子であり妻も子もあったシッダールタ王子が、世の無常を感じ、王宮を出て苦行生活に入ったのは二十九歳とされていますが、イエスの時代よりなお五百年ほど昔になります。そして六年間、それこそ言語を絶する苦行を重ねるのですが、やがて、肉体を傷め続ける苦行によっては悟りを得ることはできない、と苦行の生活を離れ、体力をつけてブッダガヤーの菩提樹《ぼだいじゅ》の下で静かに瞑想《めいそう》し、そこで悟りを開き、ブッダ（目覚めた者）になったと伝えられています。最初、この自分の悟りはとうてい人々に理解されないと思ったようですが、しかし、やがて伝道を決意し、バーラーナシーのサールナート（鹿野苑《ろくやおん》）で五人の出家者に初の説法をいたします（これを初転法輪《しょてんぼうりん》といいます）。釈迦の最初の呼びかけは、イエスのようにそのものずばりというのではなく、人生のすべては苦であり、その苦をどのように克服するか、仏教の言葉でいう四諦《したい》・八聖道《はっしょうどう》・十二縁起《えんぎ》など複雑な教義が次々に説かれたようです。釈迦は八十年の生涯を送ったと伝えられますが、長い間の説法の出発点は、この五人の出家者に対する第一声から始まったのです。

イエスの第一声は、そのままキリスト教の不変の正典『新約聖書』によって受け継がれ、世界に広まっていきました。一方、釈迦の教えは、後に上座部仏教から大乗仏教へと展開する間に、ずいぶん多くの経典が仏説として現れ、宗派によってはその第一声は忘れられているかもしれません。イエスと釈迦の教義は大きく異なりますが、最初の呼びかけに共通するものは、苦しみのなかにある人間に解放を告げることでした。

イスラエルという国で、ナザレのイエスが確信に満ちて呼びかけたとき、待ち望んでいた神の国が近づいたことを、大きな期待で受け止めたのは、苦しんでいる人、世間から見捨てられ、しいたげられている人々でした。しかし、イエスの第一声はそのような人たちだけに向けられたものではなく、すべての人への呼びかけであったことは、後におわかりになると思います。

時は満ち、神の国は近づいた

「さあいよいよその時が近くなった」。人生の旅のなかには、大きいか小さいかは別として、期待と不安を感じる「時」が何回もあるものです。受験、結婚、出産、転勤、退職、開店など。働き盛りのSさんは、日ごろ健康を誇りにしていましたが、ある時なにか体に変調を感じました。家族や友人の勧めでしぶしぶ病院に行きましたが、いろいろと検査の結果、一応手術をしたほうがよいだろうと告げられました。明るい性格のSさんもさすがにショックを受けました。いよいよ入院して手術の時が近づきました。手術が近づくにつれて、Sさんの不安はますます大きくなってきました。Sさんにとって、この病気と手術は生涯忘れられない〝時〟であったに違いありません。幸いSさんは病気も治り、職場に復帰することができました。

さて、イエスが人々に「時は満ちた」と告げたのは、こうした人生のなかで出会う出来事ではなく、次に続く「神の国は近づいた」ことを告げる大きな意味を持っていたのです。「神」、イエスの言われる神がどういう神なのかは次の講で考えることにしますので、ここで詳しく話しませんが、聖書を見ますと「神の国」は「天の国」とも書かれています。「天の国」という言葉を縮めて「天国」といいますと、すぐ想像されるのは、死後の国ではないでしょうか。天国と地獄、それはわが国でいう極楽（浄土）と地獄、共に死んでから行くところと考えてしまいます。とすればイエスは「さあ、皆死んで天国に行く時が近くなった」と告げたのでしょうか。決してそうではありません。そのために、イエスの生きた、当時のイスラエルの状況を少し説明しておきたいと思います。

イスラエルの歴史は非常に古くて、今から四千年もの昔までさかのぼります。その大昔からこの国では、多くの神々を拝むのではなくて、ただ一つの最高の神、天地を創造された神を信じてきました。その信仰によって、長い歴史のなかで、苦難を切り抜けることも度々あったのです。紀元前一〇〇〇年ごろは、非常に栄えた王国になりましたが、王や国民が堕落《だらく》して、唯一の神を忘れると、待っていたように周囲の国から攻撃され、ある時期、国民の多くは捕虜となって、遠い国まで連れて行かれることもありました。日本のような島国と違って、イスラエルは多くの国々に地続きで囲まれているのですから、国内が乱れると簡単に攻撃されるのです。その乱れ、それはいつも神に背を向ける、神から離れる、神を中心とした結びつきが崩れることに原因がありました。しかし、こうして敵に攻められ苦しんでいる時代に、民族のなかにしばしば預言者（予言者ではなく、神に向かう正しい道を教える人）といわれる人が現れ、神に立ち戻ろうと説いていました。イエスの時代にはローマ帝国に占領されていました。イスラエル民族は再び自分たちだけの国を願っていましたし、同時に、救い主が現れて神の国を再興されるという預言者たちの言葉も信じていました。イエスの時代のイスラエル民族は、その神の国をもたらす救い主の現れが間近いと、ひたすら待ち望んでいたのです。

そうした状況のなかで人々は、「時は満ち、神の国は近づいた」という声を聞いたのです。

しかし、この「国」という言葉は誤解されやすいと思います。ふつう国といえば、政治、経済、軍事的にそれぞれの形をとって組織され、国境線をもった国家と考えがちです。イエスの活躍した当時のイスラエルの人々にとっても、先ほど話したような情勢のなかで、この神の国というのは目に見える形での国、救い主がきて、自分たちを占領しているローマの軍隊を追い払って、完全に独立したイスラエル国家をもたらしてくれるものと勘違いした人々も多かったようです。それが後にイエスを十字架にかけるという悲劇にも結びつく、一つの原因ともなるのです。

イエスの言う「神の国」、それは簡単に説明できない深い意味があるのですが、ここでは、

「神との親しい交わり」とまず考えておきましょう。とすれば、イエスの最初の呼びかけは、「さあ皆さん、離れていた神と再び親しい交わりを結ぶ時がきましたよ」と言ったと考えることができます。それは決して目に見える国の形ではなかったのです。でも、その神との親しい交わりに入るために、イエスは一つの条件を示しました。それが次に続く言葉、「悔い改めて福音を信じなさい」なのです。

悔い改め

私たちの日常生活のなかで、ふだんは仲の良い夫婦、親子、友人でも、ときには意見の違いや、ふとした態度、言葉によって仲たがいしたり争いが起こるものです。その程度によって短かったり長い期間だったり、また極端な場合は破局につながることさえあります。再び仲良くなる条件は、どちらかが我を折って「私が悪かった」と、あやまればそれで決着がつく。それがわかっていても、「いや相手が悪い」「自分のプライドがゆるさない」などと、いつまでも目をむいてにらみ合いの続くことが多いようです。あるいは心のなかで「あんなことは言わなければよかった」と悔いても、相手の顔を見るとなかなかあやまれないものです。論語を見ますと、孔子もなげいています。「子曰《いわ》く、已《や》んぬるかな、吾未《われいま》だ能《よ》くその過《あやまち》を見て内に自ら訟《せ》むるものを見ざるなり」。今も昔も人は、自分に過ちがあっても、それを素直に認めるということは難しいことのようです。これは第1講でも話したことですが、〝自分を見つめる〟ことは、思うほど容易ではないことを示しています。

しかしイエスは、その第一声から私たちに、「悔い改めなさい」と要求するのです。これはとても厳しい言葉です。それは、神の国を待ち望んでいた当時の人々にだけ要求されたことではありません。今の私たちにも向けられた言葉であり、私たちはこれを見逃すことはできません。なぜなら、この「悔い改め」が、私たちの人生を、完成に導く第一歩となるからです。

わが国では、よく「反省」という言葉が使われます。これは幅の広い範囲に使われる言葉で、商売とか事業の面でもいわれますし、日常生活のなかで何か失敗すると、「反省している」という言葉が出てきます。「曽子《そうし》曰《いわ》く、吾《われ》、日に三たび吾《わ》が身を省《かえり》みる。人の為に謀《はか》りて忠ならざるか、朋友《ほうゆう》と交わりて信ならざるか、習わざるを伝えしか」。孔子の弟子の曽子は、毎日三回反省をします。人のために心をこめて考えてあげただろうか、友だちとの約束を守っただろうか、自分ではまだよく学んでもいないのに人に伝えるようなことはなかったか。この反省するということも大切なことで、それは向上への第一歩となることは確かです。しかし、イエスの言われる「悔い改め」は、単に反省するということよりも、別な意味を持っているのです。

日本語への訳しかたによりますと、この「悔い改め」は「回心」とも訳されています。これは読んで字のとおり、「心をめぐらす」「心を向けかえる」ことですが、ここで大切なことは、何に心を向けるかということでしょう。イエスの第一声に「時は満ち、神の国は近づいた。悔い改めて福音を信じなさい」（マルコ1・15）とあるように、ここに「神の国」と「回心」が結ばれてくるのです。つまり、離れていた、忘れていた、背を向けていた神に心を向けなさい、「神との親しい交わりに入るためには、まず背を向けていた神に心を向けかえなさい」と言っているのです。

神といいますと、わが国にも神々を祭っている神社が数多くあります。昔から、神社に参拝する前には、まず手を洗い口をすすいで拝殿に向かいます。そして神主さんのおはらいを受けます。また大きな祭りになりますと、奉仕する人々はある期間日常生活から離れて、水に入って斎戒沐浴《さいかいもくよく》をします。これは、そこに祭られている神々の前に出る、あるいは仕えるのに、罪や穢《けが》れを清めて、おはらいを意味する行為なのでしょう。ここで考えられる罪や穢れについてはとり上げませんが、気がつくのは、その神社に参拝する人々は、特に罪や穢れを悔いたり改めようと考えているのではなくて、それが神社参拝の礼儀や風習として形式的になっているのではないか、ということです。イエスの言われる、神との交わりに入るための悔い改め、回心、それは単に儀式的なことではなく、次の講でお話しする、聖であり愛である神の前に、私はどうであったかを深く考えたうえ、神との交わりに、どんなさまたげがあるのかを見つけることなのです。

「悔い改めなさい」「回心しなさい」といわれても、「私は別にそんな悪いことはしていない」と考える人があるかも知れません。確かに、新聞の社会面に見られる犯罪者などは別として、私たちの周囲には善良な人が多いし、自分自身も心のなかではその善良な一市民だと思うでしょう。それがなぜ「悔い改め」なければならないのでしょうか。ある陶芸作家が、作品を窯《かま》から出して、惜しげもなく次々に打ちこわしている姿を見たことがあります。私たち素人から見ると、「あんな素晴らしい作品のどこが気に入らないのだろう。もったいないなあ」と思うのですが、この作家は、完全なものを追い求めて努力し続けているのです。このことは、私たちの人生にとっても考えさせられることではないでしょうか。私たちは、生きている限り一歩一歩前進しなければなりません。それが、「私はもうこれでよいのだ」と思ったときから、私の進歩は止まってしまうのです。

ある日イエスは人々に次のような話をしています。

医者を必要とするのは、丈夫な人ではなく病人である。わたしが来たのは、正しい人を招くためではなく、罪びとを招くためである（マルコ２・17）。

これは有名な言葉です。イエスの告げる福音とは、神の前に正しい人（義人）、あるいは自分はまったく正しい人間だと思っている人には必要なくて、罪びと、あるいは自分はどうしてこんなに至らない人間だろうと思っている人にこそ必要なのだ、と考えてよいでしょう。罪びとという言葉は、耳なれない人にとって厳し過ぎると思われます。一般的に罪びとといえば、法を犯した犯罪者を思わせます。実はイエスの当時にも、ユダヤ教の厳格な規律（律法といいます）がありました。

有名なのは、たとえば、六日働いたら一日は必ず休まなければならないという「安息日」の規定です。「休日」が旧約聖書の時代から守られていた、ということはとてもよいことですが、その安息日には、何をしてもよい、何をしてはいけない、と実にこと細かに定められているのです。仕事のできない日ですから、家で料理することも許されません。スープを温めることもできませんから、前の晩に作ったスープを保温します。ところが、その保温の方法まで細かに定めるという始末です。また、安息日には一キロメートル以上歩いたら罪になるとか、ひもやロープを結ぶのは仕事になるから許されないが、女性が腰布のひもを結ぶのは許されるなど、実に細ごまと定められていました。

その律法をすみからすみまで守ることのできる人は、極めて限られた人々でしたが、それを守っていれば正しい人とされていました。ちょっとでも律法を守らない、守れない人々は罪びととして軽べつされていました。規則さえ守っていればそれで正しいと思っている人に、イエスは厳しい目を向けるのです。

日本の仏教者として知られる親鸞《しんらん》は、「自分はどうしようもない極悪人だ」と公言した方です。その親鸞の弟子の唯円《ゆいえん》が師の言葉をまとめた「歎異抄《たんにしょう》」のなかに有名な言葉があります。「善人なをもて往生をとぐ、いはんや悪人をや」（善人ですら極楽浄土に行けるというのであれば、悪人が極楽浄土に行くのはなおのこと当然ではないか）。これは常識から考えると、とんでもない言葉と思われることでしょう。親鸞は、人間が人間である限り、悪から完全に離れて、まったくの善人になり切ることはできないと見抜いていたのでしょう。

イエスの言われる「罪びと」と、親鸞の考える「悪人」とは、その考え方が異なりますが、「わたしは罪びとを招く」と言われたイエスの言葉は、私たちに、「私はもう正しくなった」と言わせない、厳しさが含まれています。ある人が、「キリスト教の信者は皆さん立派な人ばかりで、私のような者の入るところではないようだ」と言われたことがあります。これはたいへんな間違いで、キリスト信者は皆罪びとであることを自覚していなければなりません。罪びとだからこそ、キリストに招かれているのです。

イエスが人々に、悔い改めること、回心することを要求しましたが、それは一回かぎりではなく、常に悔い改めて、回心を繰り返すことが必要なのです。更にイエスは「福音を信じなさい」と言っています。

福音を信じなさい

「福音」、それは簡単にいいますと「よろこばしいメッセージ」と解してよいでしょう。そしてこれは『新約聖書』、特に四つの福音書によって、だれでもそのメッセージを知ることができます。

仏教の経典も、今では現代語に訳されたものを読むことができますが、以前は経典を直接読もうとしても、むずかしい漢字が並んでいるだけで、一般の人々には、なんのことかさっぱりわかりませんでした。だから経典は、学識のある僧侶が読むもので、一般の人は意味がわからなくても、唱えていれば功徳《くどく》がある、と長い間教えられてきたのです。その点聖書は、さまざまな言葉に訳されてきました。ただ、ユダヤの歴史とか、イエスの当時の風習などが背景となっていますから、理解しにくいところもありますので、手引きをしてくれる聖書講座などとあわせて読まれるとよいでしょう。

新約聖書は、四つの福音書と、キリストの弟子たちの働きを伝える『使徒言行録《しとげんこうろく》』、そして、弟子のなかで主だった人「使徒」と呼ばれた人々の手紙などから成り立っていますが、イエスの言動を生々しく伝えてくれる福音書が最も大切です。福音書のうち、マタイ・マルコ・ルカは、だいたいイエスが世を去って四十年から五十年ほど後に書かれたようです。それは、イエスの活躍を直接目にした人々が次の世代のために、イエスについて正しく伝えようと考えたからです。ヨハネは、少しおくれてイエスの言動の深い意味を考えて、書いたようです。その他にも当時、福音書と名のつく書物はあったようですが、初代教会は十分に検討し、現在の四つの福音書を正典としました。それから二千年近く修正されることなく、私たちに伝えられてきているのです。

福音書は、イエス・キリストの生涯の伝記というのではなく、人々にイエスの福音を告げるのが目的です。その福音というのは、ただイエスの話というか説教だけにあるのではなくて、イエスの行動そのものも含めて、生涯のすべてをメッセージとして受け止めなければなりません。イエスが言ったのは、「福音を読みなさい」「聞きなさい」「知りなさい」ではなく、「福音を信じなさい」でした。ただ読む・聞く・知るのと、信じることは大きな違いがあります。福音書はそんなに長い書物ではありませんから、一度読んで、こんなことが書いてあったと知るのは簡単なことですが、そうではなくて、ここに盛られたメッセージを、目で読むだけではなく、私自身に向けられたものとして受け止めなければなりません。私という人間がどんな人間であるのか、自分に目を向けて考えるとき、福音は強く私に迫ってきます。と同時に、福音がまた、私について考えさせてくれるのです。

聖書というのは不思議な書物です。聖書を常に座右に置いて、毎日目をとおしている人は多いのですが、その人々のだれもが言われることは、「何十回・何百回と読んで、よく知っている言葉なのに、あるとき、ふとその言葉がまったく新しく私を考えさせる、そんなことがしばしばあります」と。福音書は、私に向かって厳しい要求ばかりをつきつけるものではありません。私に対して、この世の日々をどう生きるべきか、あすに向かってきょうをよりよく生きるためにはどうしなければいけないか、それも福音は教えてくれるのです。

Q 結婚するとき、相手が他宗教の熱心な信者である場合、どうしたらよいのでしょうか。あるいはカトリック信者は他の宗教の人とは結婚できないのでしょうか。

A カトリック教会では、結婚の相手の人が他の宗教の信者であっても結婚できます。その場合、お互いがそのことを了解し合っていて、お互いに相手の信仰を尊重することが大切です。

従って結婚の相手が他宗教の熱心な信者であっても差し支えはありませんが、カトリック信者としては前もって相手の協力を得ておかねばならないことがあります。それは、日曜日や復活祭・クリスマスなどには、できる限り教会でのミサにあずかることを認めてもらうことです。

また、カトリック信者の心得としては、生まれてくる子どもに、キリスト教信仰に基づいた教育をほどこし、できれば洗礼を受けられるように努力することです。

このようなことを了承してもらえれば、他宗教の熱心な信者とでも結婚できます。

ら、「愛は掟です、勧めではありません」と言われたのです。その時の驚きは忘れられません。まるで背中を電気が走ったような気がしました。それは一度聞いてしまったら、聞かなかった状態には戻れないものでした。

そして同じ頃、「キリストと個人的に親しくなりなさい」ということも言われました。それはいったいどういうことだろうかと考えていたのですが、その頃、遠藤周作さんが『聖書のなかの女性たち』（講談社文庫）という本を出されました。細かいことは憶えていませんが、それを読んで、私がショックを受けたと言っていいくらい驚いたのは、遠藤さんが聖書に出てくる女性たちを、まるで自分の親しい友だちのように語っておられるということでした。キリストと個人的に親しくなるというのは、まさにこういうことだと思ったのです。今考えれば、それが始まりのようなものでした。

それからほどなく、困難に出会い始めていた自分の人生の支えとして必要だと思い、結婚を考え始めた大学時代の同級生が突然ガス中毒で亡くなりました。その時の私は、まるで、嵐の海にひとり小舟で放り出されたような思いがしました。そして、私のような者をあなたの方に向かせるために、こんな大変なことをなさる必要はないではありませんか、と天に恨みごとを言いたいようでした。ほとんど絶望しそうでした。しかし、それが私を祈るしかない状態に導いてくれることになったのです。それは、私にとってのほんとうに第一歩だったと思います。

キリスト教とわたし——1

いくつもの出会い

末盛千枝子《すえもりちえこ》

絵本編集者

私は、子どもの時に、家族みんなで洗礼を受けました。小さな弟が肺炎で突然亡くなり、悲しんだ父と母が教会でお葬式をしてもらいたいと望んだのが始まりでした。戦争が終わったばかりで、日本中がまだまだ貧しい時でした。私は小学校３年生でしたが、洗礼を受けるに際して、キリスト教のことをあまり良く分っていないという後ろめたいような気持ちもありました。それでも、洗礼の準備のお勉強をして、良い子でなければと思ったのをよく憶えています。それから、大学生になるまでずっとそのままでした。

私が大学に入った時のこと、母が私にどこの大学にもカトリックの学生のグループがあるはずだから、そこに入るようにと強くすすめました。母が言うには、これから、何かに悩んで、両親にも言えないような悩み事を相談する相手が必要になるはずだから、そのためには、同じカトリックの仲間が必要に違いない、ただ籍を入れておくだけでもいいのだから入りなさいと言うのです。それで、私はかなり渋々とその会に入ったのです。きっと、そういう会に入る人は、頭の固い、優等生ばかりに違いないと思っていました。ところが、それは全く違っていました。なんだか、楽しいことが好きな、おかしな人ばかりのようでした。本当に驚きました。でも、それだけではありません。そこの集まりで、ある日、話をしにきてくださった神父さまか

第3講　あなたがたの父

父

イエスは、神を「わたしの父」「あなたがたの父」、また「天の父」「天におられるわたしたちの父」と、呼んでおられます。

あなたにとって、あなたのお父さんはどんなお父さんですか。時代の移り変わりとともに、父親に対する子どもの考えは変わってきていると思いますし、また、一人ひとり父親に対する印象は異なると思います。ある婦人が「私の父はとてもワンマンで、母に無理ばかり言って、度々暴力をふるっていました。今は亡くなりましたが、父という言葉を聞くと、いやな感じがするのです」と話されたことがあります。またある人は「私の父はもう八十歳を過ぎて遠くの山奥にいますが、その父がいてくれるというだけで、私の心の大きなささえになるのです」と話されました。

昔は「地震・雷・火事・おやじ」と、世の中のこわいものを並べるとその四番目に「おやじ」が入っていました。「私の父親はこわかった」という人もあるでしょうが、最近では母より父のほうが優しいと思っている人が多くなっているようです。厳しい父、優しい父、その姿はさまざまでしょうが、家庭の平和を保って、子どもたちを正しく成長させるためには、父親母親それぞれの役割があり、両親が共に厳し過ぎたり、反対に甘すぎたりするようでは、子どもは立派に育たないことは、常識的にも知られていることです。なにか過ちをして両親にしかられ、「悪かった」と心から反省してあやまったり、良いところを認められてほめられたり、存在そのものを受け入れられながら、子どもは家庭のなかで成長していくのでしょう。

さて、「神は父」と聞きますと、やはり日本では「厳しい神」と感じられることが多いようです。わが国では、神さま仏さまと言えば、お願いを聞いてくださる、やさしいお方と考えているようです。だから日本人にとって神、仏はどちらかというと母親的なのでしょう。日本人の祖神とされ、伊勢神宮に祭られている天照大神《あまてらすおおみかみ》は女性、母性的な神とされています。また、この神は太陽が神格化された神ともされているようですし、稲の作柄に恵みを与える神でもあるのです。しかし、日本の神々は、一方では山の神にしても地の神、田の神にしても、無視されたり、非礼があったりすると荒れる神、つまり害を与える神になるとされていました。そのため神々に対して礼を尽くし、丁重に祭りをしてなだめれば、良いほうに向かうと考えていたのです。日本の歴史のなかで、飢饉《ききん》や天災が続くと、宮中から各地の神社に奉幣使《ほうへいし》（勅命によって神に奉献する品々である幣帛《へいはく》を山陵・神宮・神社に奉献する使者）が派遣されていたのも、それを具体的に表しています。

キリスト教では、イエスが神を父と言うのは、神は、神々ではなくて、唯一の神であるということです。つまり私たちにとって父は何人もいるのではなく、ただ一人の父を持つのと同じように、イエスの言う父である神は、ただ一人であると教えているのです。次に、その父である神は、厳しい面もありますが、まったく愚かなほど優しい父でもあると言っています。厳しいけれど優しい、それは先ほども話しましたように、子どもが家庭ですこやかに成長するためには、厳しさと優しさが必要であるように、イエスの言う私たちの父は、ただ厳しいだけの神ではなく、愚かなほど優しい神でもあるのです。ではその厳しい神がどうすれば優しい神になるのでしょうか。わが国で行われているように、海の幸、山の幸を供えて祭りをすればよいのでしょうか、決してそうではありません。ここで、イエスの話された一つのたとえ話を聖書から引用してみましょう。

「ある人に息子が二人いた。弟の方が父親に、『お父さん、わたしが頂くことになっている財産の分け前をください』と言った。それで、父親は財産を二人に分けてやった。何日もたたないうちに、下の息子は全部を金に換えて、遠い国に旅立ち、そこで放蕩《ほうとう》の限りを尽くして、財産を無駄遣いしてしまった。何もかも使い果たしたとき、その地方にひどい飢《き》饉《きん》が起こって、彼は食べるにも困り始めた。それで、その地方に住むある人のところに身を寄せたところ、その人は彼を畑にやって豚の世話をさせた。彼は豚の食べるいなご豆を食べてでも腹を満たしたかったが、食べ物をくれる人はだれもいなかった。そこで、彼は我に返って言った。『父のところでは、あんなに大勢の雇い人に、有り余るほどパンがあるのに、わたしはここで飢え死にしそうだ。ここをたち、父のところに行って言おう。「お父さん、わたしは天に対しても、またお父さんに対しても罪を犯しました。もう、息子と呼ばれる資格はありません。雇い人の一人にしてください」と』。そして、彼はそこをたち、父親のもとに行った。ところが、まだ遠く離れていたのに、父親は息子を見つけて、憐れに思い、走り寄って首を抱き、接吻《せっぷん》した。息子は言った。『お父さん、わたしは天に対しても、またお父さんに対しても罪を犯しました。もう息子と呼ばれる資格はありません』。しかし、父親は僕《しもべ》たちに言った。『急いでいちばん良い服を持って来て、この子に着せ、手に指輪をはめてやり、足に履物を履かせなさい。それから、肥えた子牛を連れて来て屠《ほふ》りなさい。食べて祝おう。この息子は、死んでいたのに生き返り、いなくなっていたのに見つかったからだ』。そして、祝宴を始めた」（ルカ15・11－24）。

ある人が、この箇所を読んで「聖書というとなにか堅苦しくて、むずかしいものと思っていましたが、世間にもあるような面白い話も出ているのですね」と、感想をもらされたことがあります。なるほど現代でもよく耳にする、親の財産をねらったり、仕方のない放蕩《ほうとう》にふける子どもなどを思い出す話です。しかし、ここにはイエスの言う父の厳しさと優しさが、よく表れています。この息子に金を持たせて自由にさせたらどうなるのか、それがわからない父ではなかったと思います。子どもを自分の思うとおりにしないと気に入らない父親もありますが、ここに出てくる父は、子どもを自由にさせています。イエスの言う父である神は、私たちの一挙手一投足をがんじがらめに縛《しば》りつける父ではなく、私たちの自由意志を認める父であることを暗示しています。ですが、私たちが自由意志で行動したその結果について、私たちはそのすべての責任をとらなければなりません。

ここに出てくる放蕩息子は、苦労もしないで手にした財産ですから、最初のころはぜいたくに暮らし、金のある間は人からもチヤホヤされていたでしょう。でも気がついたときは「何もかも使い果たし」ていたのです。有頂天になるのも早かったのですが、どん底にすべり落ちるのも早かったのです。そのどん底、当時イスラエルで最もみじめな仕事とされていた豚飼いにまで身を落とし、食べる物がないので、豚のえささえ食べたいと思うほどせっぱつまった気持ちになります。それも与えられなければ、もう飢え死にするほかはない。ここまできて人は叫びます。「神様！　助けてください」。しかし一向に聞きとどけられないと「神なんてあるものか」となってしまいます。そうではないことをこの聖書の箇所は私たちに教えます。「お父さん、わたしは天に対しても、またお父さんに対しても罪を犯しました。もう、息子と呼ばれる資格はありません」。それは、「父のもとに行こう」と決心したあとに出てくる言葉なのです。

前講で、「悔い改め・回心」という話をいたしましたが、この「回心」は、「背を向けていた神に心を向ける」と説明しました。この息子は飢え死にしそうになったそのとき、「父のもとに行こう」、つまり父を思い出し、父に心を向けたのです。

このときもしも、「自分がこんなことになるのがわかっていながら、私を送り出す前によく言い聞かせてくれなかった父親が悪い」と思ったらどうでしょうか。自分のことは棚に上げて、ただ甘えたり、人に責任を押しつけたりする、こうしたことは現代でも見られることです。また、父親のほうから「もうあの子も金を使い果たして困っているだろうから、なんとかして金を送ってやろう」と考えることも人情としてあるかもしれません。しかし、そうした甘えや甘やかしが、その子の生きる正しい道を、見失わせることになるのではないでしょうか。

さて、父のもとに帰ろうと決心した息子の足は重かったでしょう。酷《ひど》くしかられるか、もう子どもとは思わないと突き離されるか、そうした厳しい父の姿しか頭に浮かばなかったことでしょう。が、ここでは思いがけない、それこそ愚かとも思えるほどの父に迎えられることになるのです。しかも「まだ遠く離れていたのに……走り寄」る父の姿がありました。きょう帰るかきょう帰るかと、遠くの道を眺め続けていた父親の姿が目に浮かびます。「もう息子と呼ばれる資格はありません」というほど放蕩の限りを尽くした息子を、なぜこんなに大喜びで父は迎えたのでしょうか。これは、「この息子は、死んでいたのに生き返り、いなくなっていたのに見つかった」という、父の美しい言葉によく表れています。放蕩を尽くし遊女と遊びほうけていたときの息子は、罪のなかに死んでいたのです。父の前からいなくなっていたのです。しかし、どうにもならなくなって、自分の罪を心から認め、父のもとにもう一度帰ろうと決心したそのとき、息子は生き返り、父は息子を見つけたのです。

イエスは、このたとえ話を用いて、父である神を示そうとしています。私たちは、つい過ちを犯してしまうものです。しかし、自分から神に背を向けることがあったとしても、そうなった原因が、全く自分の非にあったと心から回心したとき、神は無条件で赦《ゆる》してくださるのです。イエスの教える「わたしたちの父」を考える場合、このことは大切なことなのです。

天の父が完全であるように

今までの話を読んで、皆さんはどのように考えられますか。「罪を犯しても、あやまればそれでゆるされる。だったら少々罪を犯したっていいではないか」と思われるかもしれません。法然《ほうねん》や親鸞《しんらん》の時代にもその考えがありました。法然上人《しょうにん》や親鸞上人が、どんな悪人でも念仏すれば救われる、と教えられたとき、「では、したいほうだいのことをして、念仏しておけばそれでいい」と考える、いわゆる「本願ぼこり」を唱える無知の人々が出ました。それが法然上人の流罪になる原因の一つにもなり、親鸞上人も悩まれたようです。人間というものは弱い者ですから、これは〝いけない〟とわかっていながら、つい、つまらないことを言ったり行動してしまうものです。

ある五十歳を少し過ぎた社長さんが、自分の気の短いことをよく知っていて、机の上に「忍耐」と書いた紙をいつも貼《は》っていました。ところが一日に二回か三回ぐらいは、どうしても部下をどなりつけてしまいます。しかし、以前に比べるとそれでも少なくなったそうです。それは、大きな声を出したあとでいつも心のなかで「またつまらないことで大声を出してしまった」と後悔するからだそうです。部下はしかりつけて使う、それがあたりまえと思ったら、それこそ一日中大声の絶え間がないでしょう。私たちは、〝いけない〟と思っても、すぐ改めるということはなかなかできません。私の性格だから仕方がないのだ、これでいいのだなどと思ったら、とても改まるものではありません。この社長さんが、机の上に「忍耐」と書いてあるのは、社長さんにとってそれが努力目標であったのです。

前講で、イエスが「わたしが来たのは、正しい人を招くためではない」と言ったことを述べましたが、その正しい人、それは「わたしはもうこれでいいのだ」と、進歩をやめた人とも考えられます。そのことはまた、人間は息を引き取るその瞬間まで、進歩し続けなければならないものなのだとも考えられます。イエスは次のように話しています。

天の父が完全であられるように、あなたがたも完全な者となりなさい（マタイ5・48）。

完全な天の父、それは私たちの最高の模範です。限りなく聖であり、限りなく愛である天の父、その完全さには私たちがどんなに努力しても至ることはとてもできません。けれどもそこに近づく努力は必要なのです。

ある芸術家が、「私の父は素晴らしい芸術家でした。私は子どものころから、作品に打ち込む父の姿を見てきました。私も同じ道を歩もうと決心したのは、一歩でも父の芸術に近づきたい、できれば父の作品を乗り越えたい、それが私の目標でした」と話しておられました。その人は既に一流の芸術家ですが、「まだ父の芸域にはとても及びません」と努力を重ねておられます。

私たちは、完全な人間になることはむずかしい、というよりあり得ないと考えてよいでしょう。でも、大きな目標に向かって、一日一日を大切にして、一歩一歩前進し続けることは、何にもまして大切なことです。その目標を、完全な天の父におきなさいと教えられるイエスの言葉は、私たちにとってかけがえのない教えなのです。

さて先ほどの、「少々罪を犯しても悪かったとあやまれば……」という考え方は、このイエスの教えにまったく反することです。先にも言ったように、人間は弱い者、仏教の言葉を借りれば煩悩《ぼんのう》の多い者ですから、いけないと知りながらつい自我を押しとおして人々に迷惑をかけてしまうこともあります。これも天の父に背を向けると同時に、完全さに向かう歩みが一歩後退することです。けれども、自分の過ちに気づいて回心すればゆるされることです。ところが、大きな罪であることを知りながら、まあ後であやまればよいのだ、と考えたらどうでしょうか。放蕩息子のように、「父のもとに帰ろう」と心から回心すればゆるされるとしても、その心からの回心ができるかどうかが問題です。と同時に、「完全である天の父」への道を大きく後退することは確かです。先の芸術家の子息にしても、「到底父親にはかなわない」と精進をやめて、ある年月他のことに気をまぎらしていたとしたら、どんどん父親との間に差がついてしまう。そしてもう一度思い直しても、相当な努力をしないと取り戻すことはむずかしいことでしょう。

私たちが知らず知らず罪を犯してしまう、それも、完全への道を後退していることです。しかし、その失敗を契機に、回心して大きく進歩することもあると思いますが、意識して自分から完全への道を踏みはずしてしまうことは、私たちの大切な人生にとって大きなマイナスになるのです。

この後の講にも次々に出てまいりますが、聖書に見られるイエスの教えには、私たちが常識で考えて、到底そこまではできそうにないと思われる言葉が出てまいります。なぜこんな高い理想を、と思うこともあるでしょう。ところがよく考えてみますと、私たちが少し努力すればなんとか達成できる、そのようなやさしい目標を示されるのでしたら、「もう私はそこまで達した」と満足して、進歩をやめてしまうのが人間の常です。それをイエスはよく知っていたと思うのです。

事業とか蓄財のためだったら目標に達して満足したらよいでしょうが、人格の完成という点では、ここまできたら完成ということはないのです。私たちは生涯をとおして、完全である天の父に向かわなければなりません。

神を愛しなさい

「天の父」「父である神」といわれても、その存在をはっきり知るということはむずかしいことかもしれません。なにしろイエスの言う神は、目で見えるという存在ではないからです。名称にしても、わが国の神々のように○○ノミコトとか、○○ノオオカミという名もありません。旧約聖書のなかに、モーセという有名な人が出てきますが、そのモーセが神に向かって、その名を聞く場面（出エジプト記3・13－14参照）があります。そのとき、「わたしはある。わたしはあるという者だ」という答えが返ってきます。「ある」、これは「存在する」ということです。それは過去、現在、未来を通じて不変な永遠の存在を意味します。

現代では「私は神を信じない」「神は存在しない」「神は人間の作り出したもの」などと言われる人も多いようです。しかし、そうした人々のなかにも、今は神の存在を知らないだけで、いつか、それは年老いた後かも知れませんが、その存在がわかる人もありましょう。つまり、神は人々がどのように考えようと、「ある」のです。

わが国では、仏教の場合、仏の姿を人が仏像として、木や銅、石などに刻んで拝んできました。そして、その作られた像そのものが仏であるとして、手を合わせてきました。また、像として姿を見ることのできない神々の場合は、神社を造りご神体を祀《まつ》りました。それらは「なにごとのおわしますかは知らねども」、なにか神秘的なこうごうしさを感じさせます。ところが、イエスの言う父である神は、「わたしはある」と言われるだけですから、その像を作ることはでき得ないのです。それで、世界中のどこにもその像はないのです。

聖書からイエスの言葉の一つを取り上げて、考えてみたいと思います。それは、聖書のなかで〝なにがいちばん重要な教えですか〟という質問に答えて、イエスが言ったことです。

「心を尽くし、精神を尽くし、思いを尽くして、あなたの神である主を愛しなさい」。これが最も重要な第一の掟である。第二も、これと同じように重要である。「隣人を自分のように愛しなさい」（マタイ22・37－39）。

第一に、「すべてを尽くして神である主を愛しなさい」と言っています。私たちは、目に見えない神を、具体的にどう愛したらよいのでしょうか、考えてしまいます。第二は「隣人を愛しなさい」です。この〝隣人〟というのは目に見える存在ですからわかります。そして、目に見える隣人を愛するという行為が、目に見えない神を愛することにつながることを、イエスは教えているのです。「愛」するということ、これはイエスの教えのなかでも最も重要な教えですから、この講座でも、別の講で皆さんとゆっくり考えることにしましょう。

ある年配の人が、「私はこれまでに、祖父母や父母との別れを経験してきました。今では朝夕、亡くなった人たちと話をしています。特に長い年月生活を共にしてきた父や母は、生前と同じように、ときにはそれ以上に愛が深くなったような気がいたします」と語っておられました。「どういうことを語りかけられるのですか」と聞いてみましたら、その人は笑いながら、「それがつまらないことで、お父さんが好きで植えていた桔梗《ききょう》の花が、今年もたくさん咲きましたよとか、お母さんの好きだった金木犀《きんもくせい》が今年もいっぱい花をつけて、いいにおいがここまでただよってくるでしょうなど、また日常のこまごました出来事など話すのです」と言われました。この人にとって祖父母・父母は、生前目に見ることのできる存在でした。しかし今、目に見えなくなってから、いよいよ愛情が深くなっていくと言われるのは、そこに、こうしたさりげない語りかけがあるからではないでしょうか。

目に見えない「神である父」、その父に語りかけることは、後にお話する「祈り」ということです。この祈ること、そして人を愛すること、またイエスの福音を信じることによって、私たちは父である神を知るのです。

日本人にとって祖先崇拝は、美徳の一つです。それは、私という一人の人間が今存在していることに対しての、感謝が含まれていると思います。私たちが、神を父として知るとき、この私が現に今生かされていること、そこに、はかり知れない神の大きな愛を知ることができるのです。

先ほどの人が、今は亡き父母との愛が深くなると言われましたが、その人が、生前の父母をまったく知らない他人に、私の父母を愛してくださいと言っても、それは無理なことです。その人たちだけの父母なのですから。しかし、「わたしはある」といわれる父である神は、すべての人の父なのです。その父と愛の交わりに入ることは、私たちの人生にとって大きな意義があるのです。第1講で「ふとしたきっかけ」の話をしましたが、私たちがまだ十分に父なる神を知らないとしても、いつも心を神に向けていれば、ふとしたきっかけで、はっきりと「神はある」と知ることができるのです。そして、時を経るにしたがって、すべてを尽くして父である神を愛するようになり、ますます父の子としての大きな喜びに至ることでしょう。

Q 神は、個々の人間の生き方に介入されますか。それとも、ただ見ておられるだけですか。

A 国語辞典によりますと、介入とは「事件や問題などに割り込むこと」とあります。神はこうした介入はなさいません。しかし、ただ見ておられるだけでもありません。

人類の歴史のなかで、神の最も大きな介入は、キリストの救いの業《わざ》です。神の子キリストは、すべての人の救いのために十字架にかけられて、ご自分からいのちをおさげになりました。このことを見れば、神は人間を「ただ見ておられるだけ」とはいえません。むしろ、その反対です。

「個々の人間の生き方に介入するか」とお尋ねですが、まず、神は人間が善いことをしても悪いことをしても、その自由意志には決して介入しません。しかし神は、私たちの幸福を望んでいるので、常に善いほうへ導いておられます。聖アウグスティヌスが「神は、どんな悪も行えないようにするよりも、むしろ悪から善を生じさせるようになさる」と言っているように、信仰の目で見れば、その意味では個々の生き方にも介入することがあるといえます。

身近な例をあげれば、子どもに突然死なれた母親が、自殺をはかったが見つけられ、その後はお酒におぼれて、ある日教会の前をとおり、ふらふらと入ってしまった。それがきっかけとなって信仰を得、心に平安を取り戻したと聞きました。これなどは、信仰の目で見れば、人々を善いほうへ導く神が介入して悪から善を生じさせたといえないでしょうか。

じました。わたしはついに信じたのでした。そして、この方にゆだねた瞬間に癒やされたのです。主にはじめて感謝と賛美をささげることができました。

「医者を必要とするのは、健康な人ではなく病人である」（ルカ５・31）

現在、わたしは毎日たくさんの患者さんと接しています。ほとんどの病気は気づかぬうちにかかり自然に癒えていきます。ある人は期待し、求め、何かに気づいて癒えていきます。別の人はすべてをゆだねることで、はじめて気づきが与えられて癒やされます。

医者は病人を癒やすことで自らが癒やしを与えられます。救いを期待し求める人と、その人を受け入れ助けようとする人とが、共に救いにあずかれるのだ、と信じることが大いなる癒やしへの道であり、真理であり、いのちなのではないかと気づかされました。

祈りとは、自分を待っていてくださる方の存在を信じ、その方から愛されている自分とその方を愛している自分が完全に一致していることを確認し、それゆえに喜んで待つ勇気と希望が与えられていることだと感じました。

期待して求めても頼らなければ、そして頼り求めても、完全にゆだねなければ気づきが与えられないことがあるということを経験しています。

主よ、これからもわたしたちに信仰の力と気づきと癒やしを与えたまえ。アーメン。

キリスト教とわたし——2

信仰・気づき・癒やし

飯嶋正広《いいじままさひろ》

心療内科指導医・専門医

四歳くらいのころ、散歩の道すがらとおりかかった建物のなかに、その方はおられました。いっぱいに背伸びをし、窓越しにのぞいた薄暗い静寂のなか、十字架にかけられたその方は強い光となって心に残りました。わたしは、この方に魅力を感じ、そして何かを期待しました。この方を見捨てることは辛いと思いながらもそのときは家路につきました。

時がたち、高校生になったわたしは、水戸のカトリック教会の中庭で純白の聖母に出会いました。マリアさまはその慈しみに満ちた姿で、幼い日、十字架のイエスさまを裏切った罪の意識からわたしを解放してくださったような気がしました。

1997年、クナイプ神父の創始した自然療法にひかれ、ドイツで医学研修を受けていたとき、急に思い立ってドイツの最高峰ツーク・シュピッツェに向かいました。登山列車で到着した頂上は一面の雪原で、目の前にはカペラ（小聖堂）があり、かたわらには神父さまと侍者が、朝十時のミサをしらせる鐘を鳴らしながら、予期しておられたかのように微笑して待っていてくださいました。ミサにあずかったのはイタリア人のシスター、米国人スキー客とわたし。皆でドイツ語の聖歌を歌ったとき、なぜか涙があふれてきました。神はそこにおられました。長い間、遠い異国の高い山の上で待っていてくださったかのように。主の栄光はあまねく世界の隅々に至るまで及んでいるのだと感

第4講　幸いな人

良い言葉だけでは

今は少なくなったようですが、毎日一枚ずつ破っていく日めくりカレンダーがあります。そのなかに、毎日格言が書かれているものがあります。「道遠くとも真っ直ぐに行け」「禍《わざわい》も三年たてば役に立つ」「己を責めて人を責めるな」などなど。気にも留めないで破り捨てられるかもしれませんが、ある日ふと出会った言葉に、なるほどとうなずかれた方もあると思いますし、その短い言葉がきっかけとなって、自分を振り返るということもあったかもしれません。

たしかに、私たちは数知れない良い言葉に出会い、それはそうだとうなずくことも多いのですが、さてそれを実行という段になると、一朝一夕で教えどおりになるのはむずかしいことです。前講で、ある社長さんの「忍耐」という話をしましたが、その社長さんも長い年月かけて、ようやく大声が以前より少なくなったという程度です。良い言葉をある日読んだけれど次の日はもうその言葉を忘れてしまう。あるいは、世の中を渡っていくのに、そうは言っておられないと思うのです。

たとえば「正直は一生の宝」とあっても、このせちがらい世の中では「正直者はバカを見る」とか、「うそも方便」のほうが頭に浮かぶ。「人に鬼は無い」よりも「人を思わば鬼と思え」が出てくるし、「情は人の為ならず」という良い言葉があるかと思えば、「仏の顔も三度」となってしまいます。それぞれの職業、環境のなかで、そう格言どおりには生きられない、上手に世渡りするのにきれいごとばかりは言っておれない、そういう気持ちを口に出さないまでも、頭のなかで考えている人も多いのではないでしょうか。でもそう考える大人が、もっと道徳教育をしっかりやらないと、今の子どもたちはどうなるかわからない、などと声を高くしていいます。けれども、きれいごとの言葉や格言をいくら並べても、そう簡単に子どもたちが大人の考える優等生になることはむずかしいでしょう。それは大人自身が十分経験ずみのことです。

さて、聖書には、イエスの教えが多く出てまいります。しかし、それもきれいごとであって、今の世の中では通用しないと頭から決めてかかる人もあると思うのです。が、それは違います。イエスの教えのなかから、短い格言ふうにいくつかひろい出しますと、「人にしてもらいたいと思うことは何でも、あなたがたも人にしなさい」「人を裁いてはならない」「明日のことまで思い悩むな。明日のことは明日自らが思い悩む」「七の七十倍までも赦《ゆる》しなさい」などがあります。しかし、こう書き出してみますと、確かに先ほどの格言と同じことになるかもしれません。けれども、イエスの話す教訓は、単に良い格言や言葉ではなくて、「なぜそう心掛けねばならないか」という一つの目標に、全部が結びつけられているのです。それを決して忘れてはなりません。その目標は、あなたも既にお気づきと思いますが、前講で述べました「あなたがたの父」「完全である天の父」にあるのです。この世の中で自分だけ正直に生きようと思ってもバカを見るだけだ。それは人間を目標とするからそうなるのです。道徳といい倫理といい、それが常に人間と人間との間だけのこととなると、自分を殺して相当な努力を積み重ねないとなかなかでき得ないことでしょう。だが、イエスの教えは、「父である神」と私たちとの間で、どうしなければならないかを話すのです。このことをよく考えないと、聖書の教えがカレンダーの格言と同じように受け取られることになってしまうでしょう。ここで、聖書のなかから一つのエピソードをご紹介しましょう。

弟子たちの間で、自分たちのうちだれがいちばん偉いかという議論が起きた。イエスは彼らの心の内を見抜き、一人の子供の手を取り、御自分のそばに立たせて、言われた。「わたしの名のためにこの子供を受け入れる者は、わたしを受け入れるのである。わたしを受け入れる者は、わたしをお遣わしになった方を受け入れるのである。あなたがた皆の中で最も小さい者こそ、最も偉い者である」（ルカ9・46－48）。

聖書の箇所を取り上げるとき、その前後の様子もお話ししなければ、十分理解できないことも多いのですが、それは聖書を開いていただくか、聖書講座で勉強していただくとして、この講座では引用した箇所だけを考えていきたいと思います。さて、人と人との社会のなかにあって、少しでも人の上に立ちたい、偉いといわれる人になりたい、これはだれしもが思うことです。競争社会といわれる世の中では、人をけ落としても、人を踏み台にしても、とにかく上に上に登っていこうとする、それが当然のこととも思われているようです。

イエスの弟子の主だった人は十二人いましたが、その十二人のなかでさえも、だれがいちばん偉いか、あるいは自分こそがと思ったようです。しかし、イエスの教えは弟子たちの意表をつくものでした。「皆の中で最も小さい者こそ、最も偉い者である」。この言葉を格言のように紙にでも書いて、目につく所に貼《は》っておいたら、だんだんそのようになれるでしょうか。「あの方は謙虚な方だ」と言われる程度にはなるかもしれません。けれども、ただ頭のなかで知っているだけでは、なんの役にも立ちません。ここでイエスの言う「わたしをお遣わしになった方」、それは「父なる神」のことで、その「父なる神」を「受け入れる者」は幼な子のように小さい者になれるのです。イエスが、神によって遣わされた方であるということは、ここでは説明しませんが記憶しておいていただきたいのです。

これから、イエスの話した教えを聖書から引用し、あなたと共に考えていきたいのですが、今まで話しましたように、イエスの教えは、ただ人と人との間だけのことではなく、いつも、それが「父なる神」と結びついているのです。このことを考えないと、ただ世間的な常識だけでは理解できない点もあることを、まず頭に入れておいてください。

幸いな人

イエスが小高い山に登り、集まってきた多くの人々に話したという、有名な「山上の垂訓」がマタイ福音書のなかに出ています。この「山上の垂訓」の最初に、「幸いな人」として八つのことが挙げられています。そのままここに引用しましょう。


心の貧しい人々は、幸いである、天の国はその人たちのものである。

悲しむ人々は、幸いである、その人たちは慰められる。

柔和な人々は、幸いである、その人たちは地を受け継ぐ。

義に飢え渇く人々は、幸いである、その人たちは満たされる。

憐れみ深い人々は、幸いである、その人たちは憐れみを受ける。

心の清い人々は、幸いである、その人たちは神を見る。

平和を実現する人々は、幸いである、その人たちは神の子と呼ばれる。

義のために迫害される人々は、幸いである、天の国はその人たちのものである（マタイ5・

3－10）。

これをお読みになって、あなたはどのようにお感じでしょうか。世間で言われる幸福・幸いと、ここに挙げられている幸いとはどうもかけ離れている、それもまったく逆ではないかと思われるかもしれません。たしかに、ここに挙げられた八つの幸せは、一般の常識とは異なるでしょう。しかし、私たちにとっては、無縁の言葉でしょうか。決してそうではありません。こうした観点からこの八つの幸いを考えてみたいのですが、イエスの言葉の真意は深く、とても私たちが知り尽くすことは困難です。しかし、少しずつ、ご一緒に考えていってみましょう

最初の、「心の貧しい人」とはどういうことでしょうか。普通に「貧しい」といいますと、物質的な貧しさと、心の貧しさが考えられます。まず物質的、経済的な貧しさを考えてみましょう。イエスが話したとき、集まってきた多くの人は、ほとんど経済的に貧しい人々だったと思います。ではイエスは、そうした貧しい人々を励ますためにこう言ったのでしょうか。そうであれば、現代のわが国のように、その大半が「中流」の生活をしていると考える時代には、ふさわしくないと思う方がおられるかもしれません。少なくとも今の時代に、金がなくて貧乏であれば幸せだと考える人はいないでしょう。

作家の山本周五郎は、次のように言っています。「大多数のひとたちは富裕《ふゆう》であることを欲している。これが世の中というものの現実だ。にもかかわらず、とぼくはいいたい。豪奢《ごうしゃ》な生

活よりも、清貧の明け暮れのほうに、ひとびとはなにかすがすがしいものを感じる。これはなぜだろうか。ぼくはその問題を、これからもっと深く考えてみようと思う」（木村久邇典《くにのり》著『素顔の山本周五郎』新潮文庫）。

ここで、清貧は美徳だなどと古い格言を持ち出そうというのではありません。それぞれの職分に応じて手にする収入が、たとえ多い少ないはあってもそれで生計をたて、あるいは相応の楽しみを持つのは当然のことです。問題は、得た収入に対する心掛けが大切なのです。日本語への訳しかたによっては、この箇所が、「自分の貧しさを知る人は幸いである」となっている聖書（フランシスコ会聖書研究所訳注）もあります。

普通に財産といえば、ほとんどの人は自分の努力で、夫婦の協力で、あるいは親の遺産でこれだけのものを得たと考えます。事実それに間違いないのですが、その考え方を変えて、この財産は「父である神」が恵まれたもの、と考えたらどうなるでしょうか。私のように至らない心貧しい者に、「父」はこれだけのものを与えてくださると思うと、その財産・金銭に対する考え方は大きく変わっていくのではないでしょうか。過度な執着、奢《おご》りから離れることによって、私とその周囲の人々との交わりもずいぶん変わっていくでしょう。山本氏の言う「すがすがしいもの」も生まれてくると思います。そのとき私たちはそこに、金銭だけでは得られない「幸い」があることに気づくのではないでしょうか。

「天の国はその人たちのものである」という教えのなかの「天の国」「神の国」すなわち、神との親しい交わりに入るために、財産はまったく必要ないのです。財産の有無にかかわらず、その人の心こそが、交わりに入るのですから。

次に、「悲しむ人」を考えてみましょう。これも常識的には、「悲しみ」と「幸い」がどうして結びつくのか、首をかしげたくなります。「悲喜こもごも」という言葉がありますが、だれ一人として悲しみを望む人はないのです。しかし、望まない悲しみも、何度か経験しなければならないのが人生です。さまざまな悲しみがありますが、ここでは「自分のために悲しむ」ことと、「他者のために悲しむ」こととの二つの悲しみを考えてみたいと思います。

私たちは「あの人もかわいそうな人だ」とは言っても、人から言われることは好みません。人から同情される覚えはないと腹を立てる人もあるでしょう。では、人から「あなたは完全に立派な人だ」と言われて、「それはそうだ」と胸を張って答えられる人が何人いるでしょうか。ましてや「完全である父」の前で、自分は完全だと言えるでしょうか。「またあんなこと言ってしまった。あんな態度をとってしまった」と心のなかで、自分という人間を悲しい者と思ったらどうでしょうか。前にも話しましたように、その悲しみは進歩につながります。でも誤解しないでいただきたいのは、いつも悲しげな顔をするとか、自分を卑下することではありません。自分自身を知るということです。ところが、ある人々は「きょう一日もよくやった」と、自己満足し、自分を悲しむ気持ちなど持ちません。しかし、その自己満足は、私たちの尊い人生のなかで停滞しているときです。自分の悲しみを知る人は、他者の悲しみも知ることができる。といっても、他者のあれこれを探ったり、プライバシーに踏み込むのではなく、その人の表面に現れない隠れた悲しみを知ることができ、そしてその悲しみを共にしてあげることもできるのです。しかし、どんな悲しみにしても、最終的に、真の慰めを与えてくださるのは「天の父」なのです。

「柔和な人」。柔和は、常識的に考えても、必要な徳です。しかし、これも表面だけの柔和を意味しません。ある有名な宗教家は、日ごろ柔和な人として知られ、尊敬されていましたが、ある日、大学生との座談会が開かれたとき、やがて一人の学生が少々意地悪い質問をしました。そのとたんに、その宗教家の表情が、さも不愉快そうな怒りに変わったことがあります。この人は必ずしも、ここで言われる柔和な人ではなかったようです。私たちは、日ごろ接するどんな人に対しても、人として常に尊重するならば、そこに真の柔和は生まれるのです。それが心からできる人は、幸いな人だと思います。

「義に飢え渇く人」。これは、差別されている人、抑圧されている人、迫害されている人、見捨てられた人など、すなわち正義を待ち望んでいる人たちです。この人々のために、私にできる何かをしなければならない。その思いから大きなことを成し遂げる人もあります。インドで奉仕をした聖者マザー・テレサもその思いから出発した方です。私の周囲に、また世界のどこかに、苦しむ人のあることを聞けば、大きなことはできなくても、自分に何かできないだろうかと思わないでしょうか。それもただ思うだけではなく、行動にうつさなければなりません。

しかし、「義に飢え渇く人」は、自分自身の良心に忠実であろうとするために、悪に妥協することなく、正義と善を求め続けているのです。その人たちは、そこで何かを失ったとしても、父なる神との交わりにおいて満たされるでしょう。

「憐み深い人」。あわれみ、それは簡単なことのようでなかなかむずかしいことです。それは、あわれむということが、人の上に立つ危険性があるからです。持っている者が持っていない者をあわれむ、あわれんであげたという自己満足、これは、聖書でいうあわれみには通じません。聖書でいうあわれみという言葉は、他人に対する愛と赦《ゆる》しの意味を含んでいます。真のあわれみは自我から全く離れたところにあるようです。しかし、これも私たちにとってむずかしいことですが、私自身が、父なる神のあわれみを受けていると悟ったとき、私たちのあわれみの態度は変わっていくでしょう。

「心の清い人」。水の場合は、それがきれいか汚《よご》れているかは目で見えます。目でわからなくても、科学的に分析すればはっきりします。しかし、心の清さ汚《きたな》さを測定することはできません。イエスはあるとき「口から出て来るものは、心から出て来る」（マタイ15・18）と言いました。よく世間では、「あの人は腹で思っていることと言うこととは違う」といわれることがあります。「ほんね」と「たてまえ」という言葉もあり、それが社会通念となっているようです。ここではこの問題を深く考えませんが、せめて私と交わりの深い人、たとえば、家族とか親しい友人などの交わりに「おもて」と「うら」があってよいものでしょうか。私の口から出る言葉が、私の心から出るものであってこそ、周囲の人々と、それこそ心からの交わりができるのではないでしょうか。人の口からいつも偽り、悪口、またはみだらな言葉が出るとすれば、それは警戒しなければなりません。その人は心が清くないからです。言いたいけれどもがまんする、それも悪いとはいえないでしょうが、口に出さないだけであって、心が清いとはいえません。心を清くする、それは一生の努力でしょうけれど、私たちが心を、限りなく清い、聖なる父に向けるならば、私たちの心は次第に清くなっていくことでしょう。

「平和を実現する人」。平和、それは私たちがよく耳にし目にする言葉です。戦争や争いのない平和を願うのは当然のことです。しかしここでいわれる平和というのは、父である神に祝福された状態、わかりやすく言えば、父なる神が見られて、たいへんよいと思われる状態と考えてよいでしょう。とすれば、小さな単位では私たちの家庭、そして私たちのグループ・職場・地域社会・国家・世界と大きく広がって、父なる神がたいへん良いと思われる状態にしていく努力、その努力をする人が平和をもたらす人、また神の子と呼ばれるにふさわしい人であるというのです。小さな私が、世界平和のためにと大きな理想を叫ぶ前に、まず自分の足元から周囲へ、家庭から職場へ、地域社会へと広げて、平和をもたらすように努力することが必要です。そのためには、まず自分の心が平和でないと、たとえばすぐに人を非難する、つまらないことで争うようでは、かえって周囲の平和を乱すことにもなりましょう。

「義のために迫害される人」。この世の中は複雑なもので、きれいごとばかり言ってはおられないと、ついつい社会の流れに流されがちです。これが正しいことだと主張しても、人から笑いものになったり除《の》け者にされたりしてはかなわないので、その主張を引っ込めてしまうこともよくあるようです。たとえば、友だちがいじめられているのを子どもがただ見ているのだとしたら、親のほうが子どもに「知らないふりをしていなさい」と教えていたのかもしれません。「義を見てせざるは勇なきなり」（『論語』為政《いせい》）という言葉がありますが、一方「君子危きに近寄らず」と、知らん顔をしてしまう風潮のほうが多くなっているようです。しかし、神のみ旨を行うために、たとえ苦しみを受けるとしても、また人から何と思われようと、正しい道を歩む勇気は持ちたいものです。正しいと思う道を曲げないで、迫害を受け、いのちまで失った人も過去から現代に至るまで数多くあります。それほどまでに信念をとおした人には及ばないまでも、ただ逃げてばかりいる人にはなりたくないものです。

実践する人

北陸の永平寺は道元禅師《どうげんぜんじ》の開かれた寺です。頭を青々とそりあげた多くの修行僧が、昔ほどではないかもしれませんが、今も厳しい修行生活を送っています。禅師の教えには、修行者の朝の洗面から食事の作法まで、細ごまと定められています。禅師は、座禅ひとすじに生きることを望まれたので、その教えは非常に厳しかったのです。従って、私たち一般の人にとって、この生活をそのまま真似《まね》ることは、かなり困難なことかもしれません。

しかし、聖書に出てくるイエスの教え・福音は、ただ弟子たちだけに向けられたのではなく、一般の人にも向けられていました。先ほどの「山上の垂訓」にしても、そこに集まってきた人々は、毎日食べるためにあくせくと働き、平凡な日常生活を送っている人たちでした。いっさいのものを捨てて出家するどころか、世間並みの生活をしていたのです。イエスの教え・福音に生きる、それは現代でも、私たちの日常生活のなかに生かされているのです。

前講でもちょっとふれましたが、真宗の念仏者のなかに妙好人《みょうこうにん》と呼ばれる人たちがありま す。その一人に浅原才市《さいち》さんという下駄作りの職人がいました。六十歳のころから、仕事をしながら「なむあみだぶつ」の念仏にひたりきっていました。決して仕事の手を休めることはありませんが、ふと思いついたことを、そのあたりにちらばっている木のくずに書きとめ、それを仕事が終わってから「覚帳」に書き写し、その数は、一九三二年に八十三歳で亡くなるまでには、六十冊にもなっていました。才市さんは学問のある人ではなく、人々に説法したり、すべてを捨ててお寺にこもったりしたのでもありません。食べていくための下駄作りに励みながら、お坊さんも至らない境地にまで進んだのです。

キリストの教会でも、聖人といわれる人々のなかには、生涯お手伝いさんとして主人に仕えた女性や、家庭の主婦もいます。農業の保護者として尊敬されている聖イシドロは、農園に雇われた農夫として生涯を送った人です。彼は、貧しい家庭に生まれ、読み書きの勉強もできませんでしたが、幼いころから両親の信仰の感化を受けていました。農夫として雇われても、朝晩かなり長い時間をかけて祈り、日曜日や祝祭日には熱心に教会へ通っていました。他の農夫たちはそうしたイシドロの生活態度をねたんだのでしょうか、仕事をさぼっていると主人に告げ口しました。ところが、主人がイシドロの畑を調べてみますと、他の農夫のどの畑よりも作物の出来栄えは素晴らしかったのです。結婚してからも、熱心な信仰生活を送り、貧しい生活のなかから、困っている人たちを助けました。小鳥や動物にまでやさしく、キリストの福音に生きて、一一三〇年に六十歳の生涯を終えています。私たちは、どんな仕事をしていようと、キリストの福音を生きることができるのです。

キリストの福音は、当時の人々の目の前で話され、行われたのです。福音書が書かれたのは、キリストを目にし、その話を耳にした人たちがまだ生存していたころでした。それを今私たちが読んでいるのですから、福音を信じることは、そんなにむずかしいことではないでしょう。現在、キリストの福音を信じて生きている人は、世界に何十億人もいます。福音を生きるとは、それを信じるだけではなく、実践することです。

Q 信仰とは、一種の洗脳ではないでしょうか。

A 洗脳とは、国語辞典によりますと「その人の主義や主張を根本的に改造すること」とあります。この場合、自分で自分の主義や主張を変えるのではなくて、ほかの人が強制的に、無理矢理に変えようとする、暴力のように考えられているのではないでしょうか。

しかし、似たような、しかもたいへん違うことをいう言葉があります。改心、または回心です。これは国語辞典で「キリスト教などで、過去の罪の意志や生活を悔い改めて神の正しい信仰へ心を向けること」となっています。

もし、この回心を第三者が無理に、当人の気持ちとは関係なしに強制するとすれば、それは洗脳になります。しかし、キリスト教でいう回心とは、そうやって、そとから人の心のなかに、無理矢理に作れるものではありません。

また、信教の自由と自由意志について、教会は第二バチカン公会議（一九六二－六五）の宣言として、次のように教えます。

「人は自分の良心に語りかける神に応答することができます。この信仰行為は、基本的な人間的行為です。信仰行為は、その性質上自由意志による行為ですから、自発的に受け入れられるべきものであって、決して強制されてはなりません（『信教の自由に関する宣言』10参照）」（『カトリック教会の教え』カトリック中央協議会）。

自由意志による自発的な行為であるからこそ「信仰」なのであり、人から強制的に改造されるようなものではないことがわかります。

「聖書の教えによれば、人間は霊と真理をもって父である神を礼拝するように招かれています（ヨハネ4・21－24参照）。『人間は良心において束縛されていますが、強制されてはいません。実際、人間は自分の判断で行動し、自由を行使しますが、神は自分自身が創造した人間の尊厳を考慮します』（『信教の自由に関する宣言』11参照）」（同）。

このように教会は、神がその自由を考慮する人間の尊厳と信教の自由の関係は不可分であると宣言しています。キリスト教の信仰は、人が神に心を向けることによって真の自由がもたらされる信仰であり、イエスは、「あなたたちは真理を知り、真理はあなたたちを自由にする」（ヨハネ8・32）と、いまも語りかけ続けているのです。

げ」と、住まいのある北海道の苫小牧中の教会に行ってみようと思って、先ずは、自分とは一番関係のなさそうなカトリック教会に出かけました。学校も友の会も、それまで行っていた教会もプロテスタントでしたから、カトリックの儀式も『聖書と典礼』の見方も、アメリカ人の神父さまのお説教も、全く聞き取れませんでしたが、涙が溢れ、この日、私の耳元で確かに風が吹いたのです。このまま他の教会を訪問することなく、吸い寄せられるようにこの教会に通い始めました。洗礼を受けるための「勉強」と構えて行ったその内容は、ただ私たちがすべて愛されている存在であること、神さまはいつも一緒にいてくださることを、毎回毎回繰り返されました。

© 中林 香

神さまはいつも両手を広げて待っていてくださるのに背を向けているのは私たち。教えはただ一つ、隣人を愛すること。「キリスト教という教えではなく、歩む道だから、キリスト道と言いたい」との神父さまのお話は、私がどこかで抱いていた、「戒めと道徳的な立派な信仰者」というものとは全くかけ離れたものでした。「洗礼によって新しい人になれる！」。本当に希望に満ちた嬉しいことでした。

洗礼後、「長い準備期間でしたね」と神父さまはおっしゃいました。その時「すべてのわざには時がある」（『聖書・口語訳』伝道の書３・１）というコヘレトの聖句が思い浮かびました。すべてをご存知の神さまがいらっしゃるとわかっているつもりなのに、いっぱい携えて、気が付くと自分の力頼みでがんばっている私ですが、これからも神さまを探し続けたいと思います。

キリスト教とわたし――3

すべてのわざには時がある

足立洋子《あだちひろこ》
料理家

私は北海道・函館で生まれ育ちましたが、高校から東京の自由学園で学びました。ミッションスクールではありませんが、朝は全校で、夜には寄宿舎で礼拝をまもるという生活を送りました。卒業後は創立者（羽仁吉一・もと子夫妻）を同じくする「友の会」に入会し、45年近く過ごしてきましたから、キリスト教はいつも身近にあり、いつか受洗をと願っていました。

11年前に、今の今まで元気だった夫を、あっと言う間に天国に送りました。その夫の帰天後、私の心を占めていたことは「なぜ、今だったのか」ということでした。その時に信仰者として敬愛していたJOCS（日本キリスト教海外医療協力会）のワーカーで、長年、子どもの栄養失調の改善に取り組んできた小林好美子さんから、「心に平和を保ち、あなたの人生を貫いている明確なパターンを見いだしてください。何でも偶然ではありません。すべて主のお計らいの中にあります」というお手紙をいただきました。若い頃に、「あなたは何をも携えず神さまの前に一人で立てますか」という問いに触れ、そしていつか、「何をも携えずに神さまの前に一人で立てる私になりたい」と思ったことが思い出されました。

長いこと教会に通いながら、その教会で洗礼を受けようと考えたことがなかったことを知っている牧師からは、「あなたに合う教会を探すとよいでしょう」と言われました。「善は急

第5講　見ても見ず、聞いても聞かず

日のあるうちに

孔子は次のようなことを言っています。「子曰《いわ》く。吾《われ》十有五にして学に志し、三十にして立ち、四十にして惑《まど》わず。五十にして天命を知る。六十にして耳順《みみしたが》い、七十にして心の欲する所に従いて矩《のり》を踰《こ》えず」（『論語』為政）。ひと昔前まで、各地で十五歳になった少年を対象に「立志式」が行われたり、また現在でも四十不惑《ふわく》の年などといわれるのも、この言葉から生まれたものです。孔子は紀元前四七九年に七十四歳で亡くなったと伝えられていますが、生涯多くの苦難を経験してきた孔子が、晩年になってしみじみと自分を振り返って語ったであろう、味わいのある言葉です。

この講座を読まれる人の年齢はまちまちでしょうが、ここで今の私、過去からの私、そしてこれからの私を少し考えてみたいのです。十五歳で立志式に臨んだ少年に、「おまえは六十歳

になったら耳順《みみしたが》え」と言ったってわかるはずもありません。しかし、今五十歳代の人は、過ぎた日を思い、今私はどうあるべきか、自己の確立も考えねばならないのではないでしょうか。孔子は天命という言葉を使いますが、これは天、つまり人間の能力の及ばない存在（すなわち神）から、自分に与えられた使命がなんであったかを知らなければならないと言っているようです。わが国でも六十は耳順《じじゅん》の年といわれます。耳順、それは簡単にいえば、人の話を素直に聞くということでしょう。また孔子は、七十歳になって、自分の思うままに行動しても行き過ぎることはなくなった、と言っていますが、それはそれまでの一日一日の積み重ねがあったからそうなったのです。

現在日本人の平均寿命は八十歳を超えており、世界の中でも長寿国といわれるようになりました。だから六十歳になったら、七十歳あるいは八十歳になったら、と計画できるかもしれません。しかし明日のこともわからない私たちにとって、実は未来は常に不確実なのです。元気な、働き盛りの人が、ある日突然亡くなるという例もあるのです。だからといって、先のことはわからない、今を楽しんでおけばよいのだと、その日暮らしをするのはどうでしょうか。前から度々話しましたように、人間は死のそのときまで進歩し続けなければなりません。とすれば、生きているきょうが大きな意義を持ち、大切な一日になるのです。

さて、イエスが人々の前で活躍されたのは、前にも書きましたように長くて三年ほどでした。その短い日々を、イエスはそれこそ休む暇なく自分に与えられた使命を果たそうとしたのです。

わたしたちは、わたしをお遣《つか》わしになった方の業《わざ》を、まだ日のあるうちに行わなければならない。だれも働くことのできない夜が来る。わたしは、世にいる間、世の光である（ヨハネ9・4－5）。

ここにも「わたしをお遣わしになった方」という言葉が出てまいります。その説明はもう少し先にのばしますが、私たちにとっても「夜がこない今、日のあるうちに」は、意味深い警告だと思います。イエスはご自分の死を予知していました。弟子たちに三回も予告しています。だから「日のあるうちに」を切実に考えていたと思います。でも私たちには死の予知はできません。医師から非常に重い病気と告げられれば、そう長くないと覚悟するかもしれませんが、まずまず健康であれば、死なんてまだまだ先のことと考えがちです。最近年配の人で、毎年年の始めに遺書をしたためる人が多くなっているようです。それを実行している人の話を聞きますと、「新しい年を迎えて、昨年の遺書が不要になったので、ああ一年を生きさせていただいた、ありがたいことだと心から感謝して、また新しい遺書を書くのです」と言っておられました。いつ死を迎えてもいいと、心からそう思っておられるかどうかは別として、やがて必ず夜がくる、だから過ぎた一日一日、これからの一日一日はかけがえなく大切なのだ、そういう思いは尊いものです。

反社会的なことは別として、私たちの仕事に貴いとかいやしいということはまったくないのです。孔子の言う天命、イエスの言う父である神から私に与えられた使命を知れば、それが勤めであろうと商いであろうと、また家庭内のことであろうと精一杯生きなければなりません。しかも使命は、私だけに与えられているのではなく、周囲の人々もそれぞれ使命を与えられ、私と同じようにかけがえのないきょうを生きていると思うとき、お互いに尊敬し合えるのではないでしょうか。

尊い一日一日が積み重なって明日を迎え、十年先、二十年先の私ができていくのです。六十歳になってから急に、「さあ耳順の年になった。これから人の言葉を素直に聞くことにしよう」と決心してもできるものではないし、自分だけよければいいと生きてきた人にとっては無理な話です。

イエスの日々は残り少なくなってきます。日のあるうちに、一人でも多くの人に福音を伝えようと活躍します。でも集まってくる人々にむずかしい話をしても理解できないと思われるときは、さまざまな「たとえ話」を用いて説いています。

たとえ話

人は昔から、教えをかたるとき、人々にいろいろなたとえを利用しながら話してきました。

私たちも子どものころを思い出しますと、このたとえ話でさまざまな教訓を知らされてきました。釈迦《しゃか》もその初期の説法では、たとえ話をたくさん利用しています。「たとえば家に火がついているのを水で消し止めるように、知恵のある賢い人、善い人は、憂《うれ》いが起こってもすみやかに滅してしまう。ちょうど風が綿《わた》を吹きはらうように」（スッタニパータ）。これは、愛する子を亡くして悲しみに沈んでいる人に、釈迦が説いたと伝えられる話の一部です。

釈迦の説法のなかには、こうしたたとえ話が数多く見られます。このたとえ話に利用される事柄は、それを聞く人にとって、身近な自然や仕事などを取り上げています。釈迦は火事を消す水、風に飛ぶ綿をたとえて、憂いを消しなさい、飛ばしてしまいなさいと教えます。また「蛇の毒が体に広がっていくのを薬で制するように、怒りが起こったのを制する人は、この世とか、かの世とかを共に捨てる。たとえば蛇が古い皮を脱ぎ捨てるように」（同）という話もあります。当時の人にとって、毒蛇、それにかまれたときの薬、また脱皮する蛇などは最も身近な存在だったから利用されているのです。ところが、今の都会の子にはかえって理解できないかもしれません。

イエスのたとえ話は、聖書に数多くあります。第3講で引用しました放蕩《ほうとう》息子の話は、父である神の愛を示そうとされたのですが、ここでは、別の「種まきのたとえ話」を引用しましょう。

イエスは家を出て、湖のほとりに座っておられた。すると、大勢の群衆がそばに集まって来たので、イエスは舟に乗って腰を下ろされた。群衆は皆岸辺に立っていた。イエスはたとえを用いて彼らに多くのことを語られた。「種を蒔《ま》く人が種蒔きに出て行った。蒔いている間に、ある種は道端に落ち、鳥が来て食べてしまった。ほかの種は、石だらけで土の少ない所に落ち、そこは土が浅いのですぐ芽を出した。しかし、日が昇ると焼けて、根がないために枯れてしまった。ほかの種は茨の間に落ち、茨が伸びてそれをふさいでしまった。ところが、ほかの種は、良い土地に落ち、実を結んで、あるものは百倍、あるものは六十倍、あるものは三十倍にもなった。耳のある者は聞きなさい」（マタイ13・1－9）。

現在では、集まってくる人が何万人であろうと、マイクをとおして話をすればすべての人に声が届きます。しかし、イエスの時代は、舟の上から話す方法をとったようです。それは、声が水の上を渡って遠くまで届き、かなりの人に聞こえるからです。その舟の上から話したこのたとえ話は、麦や野菜などの種をまいて畑で作っていた当時の人々にとって、だれにでもすぐわかる話でした。それもあまりにもわかり過ぎた話で、集まった人々も、なんだつまらないと思ったかも知れません。でも最後に「耳のある者は聞きなさい」と言われているので、イエスのたとえ話は何でもない話のようでも、そのなかにふくまれている意味は深いのです。

この聖書の場面では、続いて弟子たちが「なぜ、あの人たちにはたとえを用いてお話しになるのですか」(マタイ13・10)と、イエスに質問しています。弟子たちにもそのたとえ話の意味は十分理解できなかったのかもしれません。そこで弟子たちに、その意味を次のように説明します。

種を蒔く人のたとえを聞きなさい。だれでも御国の言葉を聞いて悟らなければ、悪い者が来て、心の中に蒔かれたものを奪《うば》い取る。道端に蒔かれたものとは、こういう人である。石だらけの所に蒔かれたものとは、御言葉を聞いて、すぐ喜んで受け入れるが、自分には根がないので、しばらくは続いても、御言葉のために艱難《かんなん》や迫害が起こると、すぐにつまずいてしまう人である。茨の中に蒔かれたものとは、御言葉を聞くが、世の思い煩いや富の誘惑が御言葉を覆《おお》いふさいで、実らない人である。良い土地に蒔かれたものとは、御言葉を聞いて悟る人であり、あるものは百倍、あるものは六十倍、あるものは三十倍の実を結ぶのである(マタイ13・18－23)。

前講で〝良い言葉〟の話をいたしましたが、それをいくら聞いても、あるいは書き留めておいても、なかなか実行できないものです。それは岩地にまかれた種と同じです。また、何ごともないときは、いい顔をして格言を守っていると思っていても、ことが起きると、とたんに顔色が変わって格言もなにも吹き飛んでしまうこともあります。また、自分ではこうしようと心を決めていても、ついつい世の流れに流されてしまうものです。イエスは、みことばを受け入れる人は、その実を結ぶと言います。その実とは、私にとってどんな意味があるのでしょうか。イエスの話したもう一つのたとえ話を引用しましょう。

わたしのこれらの言葉を聞いて行う者は皆、岩の上に自分の家を建てた賢い人に似ている。雨が降り、川があふれ、風が吹いてその家を襲《おそ》っても、倒れなかった。岩を土台としていたからである。わたしのこれらの言葉を聞くだけで行わない者は皆、砂の上に家を建てた愚かな人に似ている。雨が降り、川があふれ、風が吹いてその家に襲いかかると、倒れて、その倒れ方がひどかった（マタイ7・24－27）。

どんなに立派に見える家でも、基礎工事がしっかりしていなければ、ついには崩れてしまう、これは常識です。しかし、このたとえ話は私たちの人生をたとえているのです。イエスは、私たちが人生の旅で出会うであろうどのような風雨にもゆるぎない、しっかりした土台を築きなさい、それを築くためには何を学び、何を実行しなければならないかを説きます。福音を受け入れ、それを実行していく人に結ばれる実、それは私たちの人生の土台になるのです。

もう一つ、イエスが野の花の咲き乱れる、空には小鳥の飛び交《か》っている美しい風景のなかで語ったであろう、聖書のなかの詩とも思われる話を紹介いたしましょう。

だから、言っておく。自分の命のことで何を食べようか何を飲もうかと、また自分の体のことで何を着ようかと思い悩むな。命は食べ物よりも大切であり、体は衣服よりも大切ではないか。空の鳥をよく見なさい。種も蒔《ま》かず、刈り入れもせず、倉に納めもしない。だが、あなたがたの天の父は鳥を養ってくださる。あなたがたは、鳥よりも価値あるものではないか。あなたがたのうちだれが、思い悩んだからといって、寿命をわずかでも延ばすことができようか。なぜ、衣服のことで思い悩むのか。野の花がどのように育つのか、注意して見なさい。働きもせず、紡ぎもしない。しかし、言っておく。栄華を極めたソロモンでさえ、この花の一つほどにも着飾ってはいなかった。今日は生えていて、明日は炉《ろ》に投げ込まれる野の草でさえ、神はこのように装《よそお》ってくださる。まして、あなたがたにはなおさらのことではないか、信仰の薄い者たちよ。だから、「何を食べようか」「何を飲もうか」「何を着ようか」と言って、思い悩むな。それはみな、異邦人が切に求めているものだ。あなたがたの天の父は、これらのものがみなあなたがたに必要なことをご存じである。何よりもまず、神の国と神の義を求めなさい。そうすれば、これらのものはみな加えて与えられる。だから、明日のことまで思い悩むな。明日のことは明日自らが思い悩む。その日の苦労は、その日だけで十分である（マタイ6・25－34）。

ここには、何回も「思い悩むな」という言葉が出てまいります。ところが、多くの人が言います。「このような社会に生活していれば、煩わしいことが実に多い。家庭内のことや職場のこと、限られた収入での、子どもの教育や人とのつき合いなどなど、次から次へ煩わしい問題が起こってくる。神さまにまかせてなどと、のんきなことを言ってはいられない」と。しかし、イエスはここで、何もかも放り出して、何も努力するなと言っているのではありません。人々にとって「その日の苦労」があることはよくご存知です。「明日のことを思い煩うな」と言っておられるのです。よく考えてみますと、私たちは、思っても仕方のないことで、くよくよしていることが案外多いのではないでしょうか。

ある婦人が職場の休憩時間に、友人に次のような話をしたそうです。その婦人は、夫と離婚して一人の男の子を育てている人でしたが、「私は今こうしてあくせく働いているが、子どもの中学はまあいいとして、高校、大学まで行かせるとしたら、受験だ、費用だと心配しなければならないし、大学を出ても就職がひと苦労だし、それでも社会に出ればさっさと気に入った娘を連れてきて結婚する。そうして私のことなんか放り出して二人でさっさと出てしまう。そう思うとなんのためにこんな苦労しているのかバカバカしくなる」。その男の子はそのとき小学四年生でした。まあなんと、あすのことどころか十何年先のことまで心配して、今の生活がいやになる。これは極端かもしれませんが、思い煩いもいいところです。けれどもこの婦人を笑えません。実は私たちのなかにも、考えても仕方のないことを考えていることが、大なり小なりあるからです。そうしたくよくよと思い煩うことは、私たちの人生にとって決してプラスにはなりません。

思い煩っても仕方のないこと、それはすべて父である神さまにおまかせしなさい。しっかりした土台の上に立って、きょう私に与えられた使命を精一杯果たし、福音を受け入れて、きょうのあなたの実を結びなさい。このようにイエスは、このたとえ話をとおして私たちに教えているのです。

見ても見ず、聞いても聞かず

奈良の法隆寺といえば、日本だけではなく世界で最も古い木造の建造物として、国宝中の国宝です。その法隆寺には、建造物だけではなく、仏像その他かけがえのない宝物がたくさんあり、訪れる人を驚かせます。大宝蔵館には、有名な百済《くだら》観音が展示されています。その姿の美しさ、女性的とも思える体のしなやかさに、立ち去り難い魅力を感じる人も多いと聞きますが、一方、修学旅行で訪れる中・高校生のなかには「なんだクダラン観音だ」と、笑っておどり過ぎる生徒も多いそうです。ぞろぞろと集団で数多くの仏像など見てきた生徒は、少々うんざりして、古びた、あまり美しくも見えない観音さんに、何の興味も引かれないのでしょう。人間は同じ目を持っていても、ある人には素晴らしく見えるのに、ある人にはまったく価値のない物に見える、これはよくあることです。私たちは、それぞれに考え方や趣味などが異なります。そこに問題も起きるのです。

法隆寺といえば、思い出されるのは聖徳太子ですが、そのころから、東の終点を奈良、西の終点をローマとするシルクロードが、ほそぼそと通じていました。インドで始まった仏教は、そのシルクロードをとおって中国・朝鮮・日本へと伝わってきました。聖徳太子は、その仏教に目を開かれたのですが、一方ローマでは、キリスト教が国の宗教とされ、周囲の国々にも広がっていった時代です。そのローマからシルクロードをとおって、イエス・キリストの話が、断片的に日本までとどいていたのではないかと、一部の学者は考えています。聖徳太子が、馬小屋の戸の前で生まれたので、「厩戸皇子《うまやどのおうじ》」といわれたという伝説は、はるか西の国で、聖なる方が馬小屋で生まれた、といううわさを聞いていたからだ、ともいわれています。しかし、なにぶんにもはるかに遠い道でしたから、その程度の話しか伝わらなかったのでしょう。シルクロードがもっと便利な道だったなら、日本人は、そのころから、イエス・キリストの福音を耳にしていたかもしれません。

わが国で、子どものころから多くの人に親しまれている良寛《りょうかん》さんは、たくさんの詩を作っていますが、そのなかに面白いものがあります。原文ですと漢詩ですから読みにくいので、現代訳を借りて引用させていただきます。「人心各不同」で始まる詩です。「人の心はみなちがう、顔のちがうと同じよう。似かよった見方にとらわれて、それでどこでも議論する。自分で善いはみんな善く、自分で悪いはみんな悪。これでみんながやるならば、善いも悪いもありはせぬ」（渡辺秀英著『良寛詩集』木耳社）。私たちはいつの間にか積み重ねてきた、先入観とでもいいますか、なかなかうち破れないものを持っているようです。良寛さんの言うように、「自分で善いはみんな善く、自分で悪いはみんな悪」となってしまう傾きがあります。

その良寛さんには「第一欲参他」に始まる次の詩があります。「まず先輩に学ぶには、先輩の意見まとめみよ。意見まとめのやりかたは、自分とちがう点あらば、しばらく自分を棄《す》て去って、人の意見をかみくだけ。くだいてわかったその時は、静かにじっと考えよ。どちらが劣《おと》りまさるのか、どちらが悪く善いのかと。劣るをすててまさる取り、悪しきをすてて善をとる。かくてつぎつぎ進むなら、仏のさとりも得られよう」（同）。良寛さんは、自分の考えだけにこだわるのを捨てて、人の意見によく耳を傾け、自分が間違っていたら、ためらうことなく改めなさい、と言っているようです。

さて、

イエスは、人々の聞く力に応じて、このように多くのたとえで御言葉を語られた。たとえを用いずに語ることはなかった（マルコ４・33）

とあるように、イエスは、人々にわかりやすく身近なことをたとえ話にして、福音を伝えるの

でした。ところが、心を素直にして聞き耳をたて、静かにじっと考える人は少なかったようです。弟子たちに、

見ても見ず、聞いても聞かず、理解できない（マタイ13・13）

と言っています。これはまた、イエスに学ぶ私たちも心しなければならないことです。キリスト教といえば、外国の宗教だ、愛だのなんだのいわれても私たちにできることではない、などと、頭から決めてかかっていては、せっかくの私たちの人生の大切なものを、見失ってしまうのではないでしょうか。人生の実も結ばない、土台もしっかりしない、くよくよ思い煩って貴重な一日一日を過してしまう。そんなことのないように、良寛さんの言葉を借りれば、「暫棄我所見」、すなわち、しばらく自分の見るところを棄てて、しっかりと見る目、聞く耳をもって、イエスの説く真の意味を悟りたいものです。

Q カトリックは、産児制限は許されないと聞きましたが本当ですか。

A 産児制限、これはたいへん複雑な問題ですが、教会は、結婚した夫婦に対して、無制限に子どもを産むことが責任ある選択とは考えていません。また子どもの出産とその数については夫婦の判断を強制したり禁止したりすることも勧めません。かえって教会は夫婦の自由と責任を重んじながら、相互合意のもとに良心的で賢明な家族計画をするように教えています。夫婦愛において神が授けてくださる子どもたちは皆、貴重な賜物であるので、夫婦が子どもを喜んで迎えることが求められます。

それに関して日本司教団は次のように語ります。「生まれてこようとする子供たちのために、夫と妻、家族が今の状況で愛のきずなを深めながら責任をもって育成することができるか、子供の数や育児体制、教育の問題、経済的、環境的な状況などを十分に考慮し、神の前で祈り、熟慮したうえで、責任をもった選択をすべきだと思います。また、いのちの誕生は、神のみ心に属することであると同時に二人の男女の良心的な決断によるものですから、この分野で、政府など公的機関が、夫婦にゆだねるべき選択と決断に介入することは、避けるべきことだとわたしたちは訴えます」（日本カトリック司教団『いのちへのまなざし――二十一世紀への司教団メッセージ』30、カトリック中央協議会）。

加えて、教会は、自然をつかさどる神のみ心に反する人工的な避妊方法を一般的には倫理的に許されない方法であるとして退け、自然な方法（NFP／自然受胎調節法）を勧めています。また、堕胎につながる避妊方法や受胎を不可能にする手術も認めていません。

神だけが生と死を治める主であるという信仰から、すべての命は母体に宿ったその瞬間から生きる権利を持っています。そのため教会は人工妊娠中絶を一種の殺人行為であると常に教えてきました。無防備な胎児の生存権を守り、大切に育むことは、わたしたち人類全体のいのちの尊厳を守ることにも繋がります。

これらの点を踏まえながら重大な困難に出会う夫婦に対して、教皇パウロ六世は次のように述べています。「夫婦は、信仰と希望によって力づけられ、自分に与えられた労苦を快く受け止めていかなければなりません。熱心な祈りによって神の助けを乞い求め、またとくに聖体の尽きない泉から恩恵と愛をくみ取らなければなりません。それでも、罪にとらわれる場合には、落胆することなく、ゆるしの秘跡において豊かに与えられる神のあわれみに謙虚にまた忍耐強くよりすがらなければなりません」（『回勅フマネ・ヴィテ』25）。

を記したカードを持って帰って来たりするようになった。

義母も姉もキリスト教信仰とは関係なく、当時の女性によくあったように、一種の教養あるいはファッションとして賛美歌を覚えていたらしいが、幼いわたしはそこからつよい宗教的刺激を受けた覚えがある。教会の日曜学校に行きたかったが、そう言い出す勇気がなく、高校生になってからようやく近所の宣教師のもとに通うようになった。

そのころのわたしはなぜか、カトリックはプロテスタントに較べて形式的で、温かみのない宗派、と勝手に誤解していた。しかし22歳で結婚し、同時にフランスに渡ってからは、徐々にカトリックになじむようになった。折しも第二バチカン公会議の真最中で、カトリック教会が大きく変動しはじめていたことも一つの魅力に思われたのだろう。

15、6年の滞仏を終えて帰国し、間もなく小説を書き出したとき、わたしは本当に自分の内奥をまっすぐに深く見つめる必要に駆られるようになった。そして改めて、自分の存在の底には虚ろな穴があいている、と悟った。そう意識するほどに、その穴から吹きあげる風に揺れ、足元も定かならぬ自分に限りない不安を覚えた。切羽つまって、わたしはようやく気がついたのだった。あの方しかいない……。十字架上のあの方にはっきりと結びつけられる以外に、存在が満たされる方法はないのだ。初めての出会いから、40年が過ぎていた。

キリスト教とわたし――4

〝そのひと〟との出会い

木《き》崎《ざき》さと子《こ》
作　家

初めてイエスさまに〝出会った〟のが、3つか4つの頃。家はクリスチャン・ホームではなかったのだが、父がたまたま姉にせがまれて、手近に転がっていた童話集を読んでくれた。

「その人は茨の冠を被せられて、血の汗を流しながら、やさしい眼でじっとわたしを見ました」十字架にかけられている人が、じっと白い鳩を見ているという物語だった。

話の前後など何もわからなかったのに、その場面だけが幼いわたしの眼に焼きついた。というより、その人は、鳩ではなくこのわたしを、じっと見つめていた。

40歳を過ぎて洗礼を受けたとき、このことを思い出して、はっと気がついた。あれがイエスさまとの最初の出会いだったのだ……。

父は何も説明してくれなかったし、わたしはそれが聖書に由来する話だなどとは全然知らないまま、〝そのひと〟の眼に見つめられ続けていたのだ。

旧満州に生まれ、四歳で生母を喪《うしな》ったわたしは、その後たいへんやさしい義母に恵まれたが、敗戦後の混乱の時代には、家庭の内外共に幼い心を痛めることが多かった。そんなことから現実を超えたものに心の依りどころを求める気持ちが、知らず知らずに生じていたようだ。そこに義母からいくつかの賛美歌を教わった。その内に姉がミッションの女学校に入り、聖句

第6講　互いに愛し合いなさい

愛と慈悲

「愛」という言葉から、あなたはどんなことを感じられるでしょうか。ある人が言っていました、「愛なんてうんざりだ。新聞や週刊誌をめくれば愛なんて言葉がいやになるほど目につくし、まったく安っぽく思われる」と。あるいはあなたもそう思われるかもしれませんが、今回はその愛について考えてみたいのです。したがって、その愛という字がそれこそうんざりするほど出てきますが、ほんとうの意味での愛とは何かを、ご一緒に考えていただきたいのです。

それにしても、愛という字のつく言葉はたいへん多くあります。愛国心・祖国愛・同胞愛など思い出されるでしょう。また、母性愛・愛児・夫婦愛・愛妻、動物に対しても愛犬・愛猫・愛鳥、機械にまで愛機・愛車、いやがられるのが愛煙家、と書いていれば限りがありません。よく見られる愛人関係という言葉はあまり良い意味で使われませんし、愛欲とか愛着というのもよい響きではありません。

愛という言葉が混乱するのは、仏教の影響もあるようで、以前にも引用しました仏教初期の教典、法句経（ダンマパダ）には、「愛より愁《うれ》いは生じ、愛より恐れは生ず。愛を離脱せる人に愁いなし。いずこにか恐れあらん」という言葉があります。愛なんてものから離れてしまいなさい、といっているようですが、この場合の愛は、男女間の愛欲、物に対する愛着とかいう意味のことで、出家者に対して、世間的なきずなをすべて断《た》ってしまいなさいという、警告の言葉と思います。

また、愛といっても憎しみと紙一重で、昨日までは、世の中で最も愛していると思っていた人でも、裏切られたとなると、とたんにその愛のはげしさに応じた、はげしい憎しみを生む。愛したばかりにこんなに憎むことになった、愛しさえしなければこんなことにはならなかったのに……、これは貫一、お宮の『金色夜叉《こんじきやしゃ》』の例にもあるように、小説の題材ともなってきました。こう見てきますと、愛という言葉から受ける感じは、軽薄《けいはく》であったり、また、なにか耳に快《こころよ》く響く言葉だけの、実のないものと思われるかも知れません。

仏教の影響を受けたわが国では、愛という言葉より慈悲という言葉が使われてきました。「お慈悲をいただいて」「慈悲の心を持って」などとよく使われる言葉です。この慈悲の意味は、仏教学の上でなかなかむずかしいようですが、簡単な解釈を読みますと、慈は苦しみを取り去る、悲は喜びを与えることといわれています。ただこの慈悲は、仏さま観音さまから衆生《しゅじょう》にというふうに、与える者と受ける者、上から下にというタテ関係に使われてきたと思われます。ですから、仏教で慈悲の心を持ちなさいと教えるのは、仏心を持って救いなさい、助けてあげなさい、それぞれの苦を取り除き、喜びを与えなさいという意味のようですから、これも上位の者が下位の者にという感じがいたします。

それでは、仏教では愛という言葉をあまり良い意味で使われなかったかといえば、そうとはいえません、良寛さんは、道元禅師の書『正法眼蔵《しょうぼうげんぞう》』「菩《ぼ》提《だい》薩《さっ》捶《た》四《し》摂法《しょうほう》」のなかから、「愛語」の一節を書き写して、いつも身辺に置いていたそうです。それは、「愛語というは衆生を見るにまず慈愛の心をおこし、顧愛の言語をほどこすなり。おほよそ暴悪の言語なきなり」に始まる文章で、そのなかには「愛語は愛心よりおこる。愛心は慈心を種子とせり」という言葉もあります。ここで使われている愛は、愛欲・愛着・愛憎などから離れた愛情というふうに思える言葉です。

さて、キリスト教といえば、愛の教えだといわれます。それは、イエスの福音の中心が「愛」であることを意味しています。では、イエスはどのようなことを愛と言ったのでしょうか。

互いに愛し合いなさい

まず、聖書から有名なイエスの言葉を引用しましょう。

あなたがたに新しい掟《おきて》を与える。互いに愛し合いなさい。わたしがあなたがたを愛したように、あなたがたも互いに愛し合いなさい（ヨハネ13・34）。

また同じ福音書には、

互いに愛し合いなさい。これがわたしの命令である（ヨハネ15・17）

ともあります。

ここで、私たちがまず考えなければならないことは、愛というものは、「あの人はかわいそうだから……」という、単なる同情ではなくて、「互いに愛し合いなさい」と何度も言われているように、まったく上下なしに愛し合うことだ、ということです。これは大切なことで、自分の子どもだから、部下だから愛するということでは、上から愛してあげるという気持ちになりがちです。自分より弱い人であろうと、自分より強い人であろうと、同じように尊敬し、愛しなさいということです。

また、第4講で引用したイエスの言葉のなかに、「あなたがた皆の中で最も小さい者こそ、最も偉い者である」とありましたが、真実に人を愛すれば、おのずから謙遜《けんそん》になるはずです。

謙遜な者すなわち小さい者にならなければ、ほんとうに人を愛しているとはいえないでしょう。そしてまた、「仕える者となりなさい」ともありますが、謙遜な者となって人に仕えることができれば、これこそイエスの望む真実の愛といえるのです。

この「互いに愛し合いなさい」を誤解してはなりません。それは愛してあげるから愛してほしい、愛してくれるから愛してあげるという狭い考えではないのです。聖書のなかに次の言葉があります。

あなたがたも聞いているとおり、「隣人を愛し、敵を憎め」と命じられている。しかし、わたしは言っておく。敵を愛し、自分を迫害する者のために祈りなさい。あなたがたの天の父の子となるためである。父は悪人にも善人にも太陽を昇らせ、正しい者にも正しくない者にも雨を降らせてくださるからである。自分を愛してくれる人を愛したところで、あなたがたにどんな報いがあろうか（マタイ5・43－46）。

これは厳しい言葉です。敵を愛し、自分を迫害する者のために祈ってあげなさい、これは私たちにできることなのでしょうか。前にも話したことですが、イエスが私たちに目標を示すとき、それを単なる理想に過ぎないと考えてはなりません。それは私たちに、もうここまでしたら十分だと思わせない厳しさを持っているのです。特に愛については、親を愛しなさい、自分の子を愛しなさい、家庭を愛しなさい、それだけでよいとは言わないのです。愛してくれるから愛するのではないのです。でも、それは人間的な努力だけではとてもむずかしいことです。

私たちはだれでも、愛されたいという気持ちを持っているはずです。子どもにしても、親から愛されていることを肌で感じとっていれば、生きる力、生きる喜びを持ちます。青春時代、自分が異性から愛されていると思うとき、はつらつとしてくるでしょう。だれからも愛されていないということは寂しいことです。生きる意欲すら失うのです。ということは、逆に考えると、相手がだれであれ、その人を生かすためには私の愛が必要だということになります。

では現に、私はだれからも愛されていないと感じているとしたら、人を愛することができるでしょうか。イエスの教えに耳を傾けますと、「父は悪人にも善人にも……正しい者にも正しくない者にも……」、つまりすべての人（そのなかにあなたも私も入っているのです）に同じように恵み、愛をそそいでおられるのです。私のような至らない者でも、天の父は生かしてくださっている、愛してくださっている。このことを心から信じることができるならば、人間の力だけでは不可能と思われる〝敵を愛する〟ようなことも可能になってくるのです。それは、すべての人が私と同じように神に愛されている、私の兄弟姉妹だということを感じているからです。ではいったいどうすれば天の父に愛されていることを、ただ頭だけでなく実感として信じることができるのでしょうか。

新約聖書のなかに使徒ヨハネの手紙といわれるものが三つあります。そのなかの一つに次のような言葉が出ています。

愛する者たち、互いに愛し合いましょう。愛は神から出るもので、愛する者は皆、神から生まれ、神を知っているからです。愛することのない者は神を知りません。神は愛だからです。……愛する者たち、神がこのようにわたしたちを愛されたのですから、わたしたちも互いに愛し合うべきです。いまだかつて神を見た者はいません。わたしたちが互いに愛し合うならば、神はわたしたちの内にとどまってくださり、神の愛がわたしたちの内で全うされているのです。……わたしたちが愛するのは、神がまずわたしたちを愛してくださったからです。「神を愛している」と言いながら兄弟を憎む者がいれば、それは偽り者です。目に見える兄弟を愛さない者は、目に見えない神を愛することができません。神を愛する人は、兄弟をも愛すべきです。これが、神から受けた掟です（一ヨハネ４・７－21）。

ここでヨハネは、神は愛そのものと言っています。「わたしたちが愛するのは、神がまずわたしたちを愛してくださったからです」。私たちがまだ神を知らないときから、神はもう私たちを愛しておられたのです。ここに一つの答えが出てまいります。私たちがどんな状態のもとにあろうと、天の父の愛に支えられて生きている、生かされているということです。

しかし、愛ということが、ただ人間と人間の間のことだけと考えると、先ほどの仏典にも出ていたように、「愛は愁いを生じ、愛は恐れを生ず」こともあり得るのです。あの人は最近私に対して冷たくなったようだ、母親は兄ばかり大切にして私のことは少しもかまってくれないなどなど、愛のかたよりを心配したり恐れたりする声は、人生のなかで暗い影を落とします。ところが大きく心を開いて、「天の父がわたしを、いつも、どんなときも変わりなく愛してくださっている」と信じることができたら、私たちの愛に対する考え方は大きく変わっていくことでしょう。

神の愛を心から信じるのは簡単なことではないかもしれません。信じていると思う、信じているように見せる、というようなことでは、自分の身辺に不幸が続いたり、何もかもが思うようにならないとき、「神も仏もあるものか」とつぶやき、人間の弱さを出してしまいます。でも、イエスの言う「互いに愛し合いなさい」の愛を求め続けるなら、やがてヨハネの言う「愛する人は神を知る」に至るのです。

愛するということ

では、愛するとは具体的にどうすればよいのでしょうか。まず基本的には、私の周囲の私が接するすべての人と、生きる喜び、生きているその尊さ、を分かち合うことから始めたいと思います。

聖書を読みますと、イエスが、病気の人を治したとか、死んだ人を生き返らせたという、いわゆる奇跡の話が出てまいります。そんなことが実際にあったかなかったか、よく議論される点ですが、奇跡は神の愛、イエスの愛、の実現という「しるし」であって、愛は生きる希望、生きる意欲を失っている人に、再び生きる喜びを与えるものであることを、当時の人々に、目に見える形で現されたものと考えてよいでしょう。

インドの星ともいわれ、一九七九年にノーベル平和賞を受賞し、二〇一六年に列聖（聖人になること）されたマザー・テレサ（一九一〇－九七）は、街頭で死を待つ人、ごみ捨て場に捨てられていた赤ちゃん、みんなにきらわれ、相手にされないハンセン病にかかった人々に、愛の手をさしのべた人です。貧しい人々のあふれている、インドのコルカタ（旧カルカッタ）の町の路上で、たった一人で動物のように死を迎えようとしている人々を受け入れて、食事を差し上げ、温かく看病し、人間として再び立ち上らせ、病いが重ければ、人間らしい死を迎えられるようにしたのです。

それは、私たちには想像もできないほど大変な仕事です。傷口にうじのわいた人の体を洗い、痛むところをさすり、自分で食事ができない人には介助をし、ベッドと清潔なシーツを提供します。そのようにして大切にされた重病人は、「私はこんなに大事にされている」と心から感謝するのです。こうした愛のふれあいのなかで、息を引きとった人は、何万人にもなるそうです。栄養失調で骨と皮になって、ごみのなかで死を待つばかりの幼児を収容し、懸命の努力で生命を保たせる。これは、人間を人間として尊重する、愛の裏づけがなければできないことです。こうしたマザー・テレサとその姉妹たちの働きは、現代の奇跡とさえいわれているのです。

私たちは、自分の力で大きなことをしようと思っても限界を感じます。多くの人が経済的、肉体的、あるいは対人関係などで生きる意欲を失い自ら命を絶《た》つ、あるいは家族を道づれに死を選んでいます。また、病床にあって絶望的な日々を送っている人も数え切れないほどです。私たちは、そうした人々に対して何もしてあげることのできない無力を感じ、心が痛みます。だからせめて、日ごろ接する人々、それがたとえ家族という小さな範囲であっても、職場やグループのなかであっても、私たちは生きる喜びを共にする者になりたいものです。私の言動によって、私と共にいる人が一日中不愉快な思いをして過ごしたとすれば、それは愛に反する罪となってしまいます。せめて不愉快な思いだけは与えまい、そこから出発しなければなりません。かといって、人々に気を遣って、神経をすりへらして、日々を送らねばならないというのではありません。

第4講で、「口から出て来るものは、心から出て来る」というイエスの言葉を引用しましたが、愛するということも、私たちの心にあるものが自然な姿で出るのが理想です。しかし、そこまでになるためには、ある程度の努力も必要かと思います。名ピアニストといわれる方が、三十分も四十分もの大曲を譜面も見ないで、ほとんど目を閉じて素晴らしい演奏を聴かせますが、そこに至るには並々ならない訓練、努力の積み重ねがあったでしょう。それと同じように、私たちが愛する人になるためには、自分だけよければよいという考えから離れる努力、周囲の人々への気くばり、喜びも悲しみも共にする、なにかを犠牲にして奉仕する行為、そうした努力なしで、一足飛びに、愛する人になることはあり得ないのです。日ごろの積み重ねによって、その愛が、自然の姿で出てくることが理想でしょう。それはたいへんなことのように考えなくても、実は、あなたのなかにすでにあるのです。

たとえば、道に迷っている人に道を聞かれる、その人をある場所まで案内して、ていねいに道を教えてあげる。それは愛だから仕方なしにあなたはなさったでしょうか。それは自然な姿で、あなたの優しい心、親切な心から出るのです。その心を大切にして、「互いに愛し合いなさい」というイエスの命令を、常に前向きに心に留めておくならば、私たちの愛する心は次第に大きくなっていくでしょう。イエスの話した一つのたとえ話を紹介しましょう。

ある人がエルサレムからエリコへ下って行く途中、追いはぎに襲《おそ》われた。追いはぎはその人の服をはぎ取り、殴りつけ、半殺しにしたまま立ち去った。ある祭司がたまたまその道を下って来たが、その人を見ると、道の向こう側を通って行った。同じように、レビ人もその場所にやって来たが、その人を見ると、道の向こう側を通って行った。ところが、旅をしていたあるサマリア人は、そばに来ると、その人を見て憐れに思い、近寄って傷に油とぶどう酒を注ぎ、包帯をして、自分のろばに乗せ、宿屋に連れて行って介抱《かいほう》した。そして、翌日になると、デナリオン銀貨二枚を取り出し、宿屋の主人に渡して言った。「この人を介抱してください。費用がもっとかかったら、帰りがけに払います」（ルカ10・30－36）。

エルサレムは当時の都で、エリコはそこから三十キロメートルぐらい離れた地方都市です。祭司とレビ人は指導階級の人、サマリア人はユダヤ人から軽べつされ除《の》け者にされていた人でした。この話は説明の必要はないと思いますが、人々の前では立派なことを言い、指導者として尊敬されている人が、見て見ないふりをして通り過ぎる、人々から軽べつされているサマリア人が、なにもそこまでしなくてもと思うほどのことまでするのです。サマリア人はそれを愛だから、こうしなければ愛にそむくからと、無理をしたのではありません。人間として当然のことと思っているのです。傷ついた人を自分のかわりにろばに乗せました。自分で介抱も

しましたし、それどころか、自分の財布から見知らぬ人のためにお金（デナリは貨幣単位）も出しています。口先だけではなく、自分の体をもって、お金や物も犠牲にして人を助ける、私たちは、愛することには痛みの伴うことを学ばねばなりません。イエスはこの話のしめくくりに、「行って、あなたも同じようにしなさい」と言っておられます。

ある日のこと、マザー・テレサは貧しくて食べる物のない母子家庭に一袋の食糧を届けました。ところが、その家の主婦はその袋を持って出ていったというのです。何かもらったら、それをすぐ金に替えるということもよくあるので、そんなことかなと思っていたところ、やがて袋の中味を半分にして帰ってきたのです。どうしたのかと聞きますと、近くに住む同じ母子家庭の人も、食糧がなくて困っていたので半分あげてきたと言うのです。マザー・テレサはその話にすっかり感動しました。貧しいなかから半分を分けてあげる、これはなかなかできないことです。こういう貧しい人ほど美しい心を持っているのではないでしょうか。一方には、自分だけよければよいという人もあるのです。しかし、人間が人間として、人間の交わりのなかで共に生きている以上、この、自分さえよければよいという考え方から離れる努力が必要です。周囲の人々と喜びも悲しみも共にし、生きる喜びを分かち合う、何かを犠牲にして奉仕する、それを継続することは非常にむずかしいでしょうが、イエスの命令に従って、一歩一歩進んでいくことが大切です。

聖書には、イエスの教えを聞いた弟子たちの手紙がありますが、そのなかのヤコブの手紙には、次のような言葉があります。

もし、兄弟あるいは姉妹が、着る物もなく、その日の食べ物にも事欠いているとき、あなたがたのだれかが、彼らに、「安心して行きなさい。温まりなさい。満腹するまで食べなさい」と言うだけで、体に必要なものを何一つ与えないなら、何の役に立つでしょう。信仰もこれと同じです。行いが伴わないなら、信仰はそれだけでは死んだものです（ヤコブ2・15－17）。

また、先ほど引用したヨハネの手紙にも、次のように述べられています。

世の富を持ちながら、兄弟が必要な物に事欠くのを見て同情しない者があれば、どうして神の愛がそのような者の内にとどまるでしょう。子たちよ、言葉や口先だけではなく、行いをもって誠実に愛し合おう（一ヨハネ3・17－18）。

こうした言葉を聞いて、私たちの場合、愛の実践というと、具体的には何ができるであろうかと考えなければなりません。

愛ということは、人間と人間の間のことと考えますと、あるときは行きづまることもあります。「これだけ心配してあげたのに、あの人は……」、これは人間の弱さからくるつぶやきです、そこで、聖書から次のイエスの言葉を読んでみましょう。

「わたしの父に祝福された人たち、天地創造の時からお前たちのために用意されている国を受け継ぎなさい。お前たちは、わたしが飢《う》えていたときに食べさせ、のどが渇《かわ》いていたときに飲ませ、旅をしていたときに宿を貸し、裸《はだか》のときに着せ、病気のときに見舞い、牢《ろう》にいたときに訪ねてくれたからだ」。すると、正しい人たちが王に答える。「主よ、いつわたしたちは、飢えておられるのを見て食べ物を差し上げ、のどが渇いておられるのを見て飲み物を差し上げたでしょうか。いつ、旅をしておられるのを見てお宿を貸し、裸でおられるのを見てお着せしたでしょうか。いつ、病気をなさったり、牢におられたりするのを見て、お訪ねしたでしょうか」。そこで、王は答える。「はっきり言っておく。わたしの兄弟であるこの最も小さい者の一人にしたのは、わたしにしてくれたことなのである」

（マタイ25・34－40）。

このなかの「王」は、前後の話からイエス・キリストを指しているのですが、「最も小さい者の一人にしたのは、わたしにしてくれたことなのである」、つまり愛の行いは、どんな人にでも、どんな小さなことでも、その人にしたことは、イエス・キリストへの行為、天の父への行為ですよ、と教えているのです。

私たちが隣人を愛することは、イエス・キリストへの愛の証《あか》しであり、また、天の父への愛の証しでもあります。隣人を愛する者は、神をも愛しているのです。

Q キリスト教の教えは「敵を愛せよ」とか理想が高くて、とても実践できないと思います。

A 「理想」を、何か空の星のように、とても素晴らしいことだけれど、実際には手がとどかない、というような意味にとるのでしたら、「敵を愛する」というのは、そういう理想ではありません。

神の子キリストが私たちに、初めから絶対にできないと、はっきりわかっている「理想」を、わざと出してきて、それを目指して「がんばれ!」などと、おっしゃるでしょうか。愛と正義である神を思うとき、そういうことはなさいません。

いやしくも神のお言葉である以上、それが私たちにできるからこそ、そして、それによって初めて私たちが幸福になれるからこそ、お勧めになるのです。

それでは、実際に「敵を愛する」とか「友のために命を捨てる」などのことが、簡単にできるのか。そうはいえません。非常にむずかしいことです。どれほど熱心にやろうと思ってもです。やはり敵よりも味方のほうを愛します。それにだれでも、自分のいのちは惜しい。そうあっさりと、友のために死ねるものではありません。

やっぱり手のとどかない理想ではないか。いや、そうではありません。神の子キリストは、人間の原型です。キリストの生と死、そして復活という最後の幸福のなかに、その原型が見られます。私たちの最後の幸福も、その原型以外にあり得ないのです。キリストが「敵を愛しなさい」とお勧めになるのは、「本当に幸福になってください」と祈るようにおっしゃっているのです。

人間は、敵をも愛するというようなことを、むずかしい、できそうにもないこと、いやなこととしてしか感じられない弱さがあるのではないでしょうか。しかし、いとも簡単に、何もしなくても手に入るような幸福が、ほんとうでしょうか。

射線科を学んだ。永井先生はカトリック信者で布教も熱心であった。しかし、わたしは永井先生とは袂《たもと》を分かって高原医院に戻り、そしてまた、浦上のカトリック経営の結核療養所で働くことになった。今の聖フランシスコ病院である。

療養所の周りは、300年の迫害に耐えたカトリック信者の子孫であり、療養所には司祭、修道士、神学生、信者の看護師が働いている。しかし、わたしは熱烈な浄土真宗の信者であったから、絶対にカトリックにはならないと宣言していた。それでも聖堂でのミサ聖祭に出たり、祈りや聖歌を聞いたりする。わたしは幼少から「祈り」には惹かれた。しかしわたしには「念仏」「正信偈」が浸みこんでいた。

1945年８月９日、原子爆弾が落とされ、病院は燃えて死者、負傷者にとり囲まれ、無傷なわたしは、この地獄野で医師として懸命に働いた。それから８年、わたしもカトリックに入信した。「主の祈り」「聖母マリアへの祈り（アヴェ・マリアの祈り）」が自然に口から出るようになった。いつの間にか「阿弥陀仏」が「天におられる父」「主イエス」になり「観音《かんのん》菩薩《ぼさつ》」が「マリアさま」になったのである。

人間は、自分が考え自分が行動しているつもりでも、何か大きなものに支えられ、導かれているということをしみじみ思うのである。そして、わたしの仏教からカトリックへの転宗は、多くの人の祈りの結果であったのだ。

（カトリック通信講座『キリスト教とは』1987年より転載）

キリスト教とわたし――5

信仰体験

秋月辰一郎《あきつきたついちろう》

元長崎平和推進協会顧問

わたしの両親は仏教徒である。仏教信者といっても、神社・仏閣、何にでも参詣する。わたしは15歳で医師になろうと決心した。しかし宗教的青年になっていった。聖書を読んだり般若心経を読んだりする。佐賀市の旧制高校、京都大学の医学部で医学を学びながら、人生の目的や、神とは何かを考える余裕があった。

人間の宗教心の道程には段階がある。わたしの初めの祈りは、自分や家族が健康で幸せになるようにであった。ところが、病気や災難は必然のものだとわかる。その次の祈りは、病気や災難に会っても泰然として、金剛《こんごう》不壊《ふえ》の強い人間になりたいと祈り、修行する。しかしやがて、自分は、また人間は、とてもそんなに強くはなれないのだ、災難におびえ、不幸に泣くのだと悟る。ならば祈りとは何か、この思いにわたしは学生生活を送った。

そのころわたしの姉妹の主治医であった高原医師がわたしの悩みを理解してくれた。高原医師は仏教の浄土真宗の信者である。わたしは、今までのご利益信仰から真宗親鸞上人の教えに入ったのである。「歎異抄《たんにしょう》」「正信念仏偈《しょうしんねんぶつげ》」の意味を戦時中猛烈に聴聞したものである。

長崎へ帰ったとき、永井隆先生の門下となって医科大学で放

第7講　あの人は何者だろう

「わたしを何者だと言うのか」

「人は死して名を残す」。しかし、名は残っている、作品が残っていても、どういう人生を送った人かわからないという例も多いようです。考古学者や歴史学者の間で問題になっている、邪馬台国《やまたいこく》の女王卑弥呼《ひみこ》にしても、中国の歴史の本には出ていても、その国が日本のどこにあったのか、どんな女王であったのか、研究者の考えはまちまちです。また、百人一首のなかで有名な、「花の色はうつりにけりないたづらに我身よにふるながめせしまに」の歌を残した小野《おのの》小町《こまち》にしても、絶世の美女であったと伝えられてはいますが、どこで生まれ、どんな生涯を送り、どこで亡くなったのか、とにかく小町の墓と称するものは全国各地に存在しているのです。

さて、この講座の中心人物であるイエスはどうでしょうか。過去には、イエスという人物を、キリスト教徒の作りあげた架空の人物だといわれたこともあったようですが、現在では、歴史上に実在した人物であることを疑うことはできません。ナザレの町で生活し、三十歳のころからイスラエルの各地で人々に福音を告げ、やがてエルサレムの郊外で十字架につけられて殺されたのです。細《こま》かいところまではわからないとしても、イエスの活躍から死に至る間のことは、事実としてたどることができます。

しかし、このイエスについて一つの不思議なことがあります。それは、「あなたはいったい何者ですか」というような言葉をたびたび投げかけられていたのです。それどころかイエス自身が、「わたしを何者だと言うのか」と弟子たちに質問しているのです。これはおかしなことです。普通、見知らぬ人が訪ねてきますと、「どちらさまですか」と尋ねると、その見知らぬ人は名刺か何かを出して「こういう者です」、何のための来訪か聞けば、その人は用件を答え、それで納得できます。ところがイエスの場合は、「あの人は何者だろう」と、人々にとって不思議な人物であったのです。そして、「イエスのことで群衆の間に対立が生じた」（ヨハネ7・43）こともあったのです。このことは、イエスを知る一つの鍵《かぎ》となることですから、聖書を引用してみましょう。まず、イエスの郷里ナザレの人々は、イエスをどう見たでしょうか。

（イエスは）故郷にお帰りになった。会堂で教えておられると、人々は驚いて言った。「この人は、このような知恵と奇跡を行う力をどこから得たのだろう。この人は大工の息子ではないか。母親はマリアといい、兄弟はヤコブ、ヨセフ、シモン、ユダではないか。姉妹たちは皆、我々と一緒に住んでいるではないか。この人はこんなことをすべて、いったいどこから得たのだろう」。このように、人々はイエスにつまずいた（マタイ13・54－57）。

おそらくこう言っている人々のなかには、幼いころからイエスと遊んで育った人がいたかもしれません。イエスの各地での活躍、その教えや奇跡のうわさは、郷里の人々の耳に入っていたでしょう。それがあの大工ヨセフの子とは……どういうことだ、どうしてあんなことができるのだ、「どこから得たのだろう」。人々には、幼いころからのイエスの姿しか目に浮かばなかったとしても無理はありません。それどころか、イエスのうわさがあまりにも広まっているので、身内の者のなかには、「あの男は気が変になっている」（マルコ3・21）と言う者さえいたのです。また、ルカ福音書を見ますと、イエスを「町の外へ追い出し、町が建っている山の崖《がけ》まで連れて行き、突き落とそう」とまでしているのです（ルカ4・29）。

「故郷へ錦《にしき》を飾る」ということわざがありますが、村を出た人が、事業に成功したり、有名人になって故郷を訪れたとき、村を挙げて歓迎する風景は、今でも見られることです。しかし、イエスを迎えたナザレの人々は違いました。そこにはとまどいが見られます。イエスが他の地で行っていた不思議なわざを見たい気持ちもあったでしょうし、あの大工の子が、というねたみや、このナザレの町にとって利益にならないのならという、あさましい気持ちもあったでしょう。それに、この町から出たイエスが、当時の体制にさからう危険な人物になったという恐れもあったかもしれません。イエス自身が、「預言者は、自分の故郷では歓迎されないものだ」（ルカ４・24）と言っているように、ナザレの人々は先入観にとらわれ、そこから抜け出ることがむずかしかったようです。

では、一般の人々や弟子たちは、イエスをどのように見ていたのでしょうか。

イエスがひとりで祈っておられたとき、弟子たちは共にいた。そこでイエスは、「群衆は、わたしのことを何者だと言っているか」とお尋ねになった。弟子たちは答えた。「『洗礼者ヨハネだ』と言っています。ほかに、『エリヤだ』と言う人も、『だれか昔の預言者が生き返ったのだ』と言う人もいます」。イエスが言われた。「それでは、あなたがたはわたしを何者だと言うのか」。ペトロが答えた。「神からのメシアです」（ルカ９・18－20）。

ここでは、イエス自身から「群衆は、わたしのことを何者だと言っているか」という質問から始まります。それはイエスの言動に接した一般の人々が、イエスという人物をどう見做《みな》しているかを問われたのです。洗礼者ヨハネというのは、イエスが活躍する前から、荒野を舞台に人々に悔い改めを説き、洗礼を授けていた人物で、最後の預言者、イエスの道を準備した人といわれています。イエスもこの人から洗礼を受けていますが、その後間もなく領主に捕らえられて殺されてしまいます。またエリヤという人は、旧約聖書に出てくる有名な預言者で、やがて再び人々の前に現れる人物、と当時の人々に信じられていました。イエスの不思議な言動のなかに、ただの人間ではない、とすれば、昔の預言者の一人が生き返ったのではないかと思ったのでしょう。「それでは」と、次は弟子たちに「わたしを何者だと言うのか」と質問のほこ先を向けます。そのときペトロが、この人は十二人の主だった弟子、使徒といわれる人々のなかでリーダー格の人物ですが、「神からのメシアです」(ルカ9・20)と答えます。私たちにとってなぞめいた言葉ですが、この「神のメシア」については、次講でその姿を見ようと思います。

聖書の、ほかの箇所にも目をとおしますと、イエスという人物に対して、さまざまな憶測《おくそく》が広がっていたことがわかります。領主の耳にも入って、彼は「いったい、何者だろう。耳に入ってくるこんなうわさの主は」(ルカ9・9)と言っています。また、人々も「いったい、この方はどういう方なのだろう」(マタイ8・27)と不思議がっています。また、先ほどの洗者ヨハネの弟子は、「来《きた》るべき方は、あなたでしょうか。それとも、ほかの方を待たなければなりませんか」(マタイ11・3)などとイエスに質問しています。とにかく、イエスは在世中はほとんどの人から、あの不思議な人物は何者だろうと、繰り返し問い続けられていたのです。

一方、イエスを好ましくない人物として、敵意を見せる一団の人々がありました。それは、当時のユダヤ教の総本山である神殿を中心とした、支配者のグループでした。聖書には大祭司・律法学者・ファリサイ派などという名称で出てまいります。彼らも、最初のうちはあまり気にもとめなかったのでしょうが、イエスの人気があまりにも高まり、多くの人が群《むら》がるようになると、注意人物として監視するようになります。その当時、イスラエルはローマ軍に占領されていました。けれども宗教は、自分たちのユダヤ教が認められていましたので、彼らは自分たちの律法をたてにとって、人民を支配していたのです。その律法にそむく者は罪びととして仲間はずれにします。けれどもローマ軍にとっては、宗教が違いますから、それは罪びとでもなんでもなく、彼らにとっては、占領地の治安を乱す者が犯罪人となる、というややこしい状態でした。このことが、後にイエスを死刑にする裁判にも、からんでくるのです。

さて、イエスの人気が高まりだしたころ、神殿を中心とする人たちは、何とか口実をもうけてイエスの人気を落とそうとします。たとえば、イエスの不思議なわざを見て群衆が驚いていると、「あの男は悪霊の頭《かしら》の力で悪霊を追い出している」（マタイ9・34）とか、「彼は悪霊に取りつかれて、気が変になっている。なぜ、あなたたちは彼の言うことに耳を貸すのか」（ヨハネ10・20）など、悪霊の仲間か気が変になっている者のように言いたてています。それでもなおイエスの人気は高まります。神殿側の人たちは、それこそ手を変え品を変えて、イエスを群衆から引き離そうとします（ヨハネ5・1－18、9・13－34参照）。「なぜ、彼らは安息日にしてはならないことをするのか」（マルコ2・23－28）、「なぜ、あなたの弟子たちは昔の人の言い伝えに従って歩まず、汚れた手で食事をするのですか」（7・1－23）と言ったり、イエスに向かってさまざまなむずかしい質問をあびせかけたりして困らせようともしますが、イエスの返答にかえって恥をかかされたりします（マタイ12・9－14、ルカ20・20－26、ヨハネ8・1－11参照）。そうこうするうちに、彼らは次第にイエスに敵意を持つようになり、なんとか逮捕して殺そうと計画するようになります。

なぜそれほどまでイエスを憎むようになったのか、いろいろな理由が考えられます。イエスの人気の高まりへのねたみ、自分たちの、支配者としての地位がおびやかされるという恐れもあったでしょう。彼らの叫び、「見よ、何をしても無駄だ。世をあげてあの男について行ったではないか」（ヨハネ12・19）という言葉からも察せられます。それに、イエスがそうした神殿側のグループの偽善をするどく批判していますので（マタイ23・1－7、13－33参照）、憎しみに油を注ぐことにもなったのでしょう。

けれども、最も大きな原因となったのは、宗教上の理由によるのです。イエスは人々に、「あなたの罪は赦された」と言ったことがありますが（ルカ5・17－26、7・36－50参照）、罪をゆるすことのできるのは神のみ、それも当時は、小羊をいけにえとして神殿にささげるという手続きをしなければならないとされていました。それなのに、イエスという人間の口からそれが出るというのは、神をぼうとくする言葉と受け取られました。また、「神のメシア」、つまり「神から遣わされた救い主」といううわさが人々の間に広まっていくことも、彼らにとってはとうていゆるすことのできないことでした。ところが、イエス自身の口から次のように話しているのです。

あなたたちはわたしのことを知っており、また、どこの出身かも知っている。わたしは自分勝手に来たのではない。わたしをお遣わしになった方は真実であるが、あなたたちはその方を知らない。わたしはその方を知っている。わたしはその方のもとから来た者であり、その方がわたしをお遣わしになったのである（ヨハネ7・28－29）。

これは、ユダヤ人にとって最も神聖な場所とされる、神殿の境内《けいだい》で話したことです。ナザレ出身の人、イエスの口から、「わたしをお遣わしになった方」「その方」、つまり天の父・神を明らかに意味する言葉が出てきたのです。こんなだいそれたことを言う人物が、単に変わった人ということであれば、笑い話ですますことができたでしょう。しかし、群衆に尊敬され、慕《した》われているイエスの言った言葉ですから、神殿側の人々は、もう放っておいてはいけないと、逮捕する機会をねらうことになるのです。

わたしは命を捨てる

日本人にとって、イエスの十字架の死ということが、キリスト教になじめない一つの理由のようです。ヨーロッパ観光に行った人が、「至るところにイエスが血を流した生々しい十字架像があって、ぞっとしました」と話していました。しかし、前にも話しましたが、イエスの福音というのは、ただ言葉による教えだけではなく、その行動すべてを含みます。とすれば、あの痛ましい死も福音であり、その中心となるものでもあったのです。

イエスの死は、不思議な死です。さきほど話しましたように、神殿側の人々は、自分たちの保身のために、イエスを殺そうと計画しました。この面から見ますと、イエスはなんともみじ

めな刑を受けたことになります。イエスが新しい宗教を唱《とな》えたので殺された、という一方的な見方をされますと、わが国にもそうした迫害の例が多く見られます。法然・親鸞・日蓮などもそうです。これを法難といいますが、イエスの場合も、この法難と同じに考えられるかもしれません。ところがここに、非常に不思

議なことがあるのです。聖書を読んでみますと、イエス自身が死刑を覚悟している、最終的には、その無惨な死こそが完成であるかのように進んでいると見受けられるのです。これは大切なことで、イエスが、福音の中心として死を自覚していたことを、見落としてはいけないのです。では、イエスが死に向かってどう歩んだか、聖書から引用してみましょう。

イエスは、人の子は必ず多くの苦しみを受け、長老、祭司長、律法学者たちから排斥《はいせき》されて殺され、三日の後に復活することになっている、と弟子たちに教え始められた。しかも、そのことをはっきりとお話しになった。すると、ペトロはイエスをわきへお連れして、いさめ始めた。イエスは振り返って、弟子たちを見ながら、ペトロを叱って言われた。「サタン、引き下がれ。あなたは神のことを思わず、人間のことを思っている」（マルコ8・31－33）。

イエスは、ご自分のことを「人の子」と言っていました。弟子のリーダーであるペトロにとって、人々の人気を集めている先生が殺されるなどということは、とんでもないことと思ったでしょう。また、あり得ないと思ったでしょう。そしてまた、神殿側の人々を怒らせると危険だから、そのようなことは言わないでください、といさめたにちがいありません。ペトロはイエスより年長でもあったようですから、世間的常識がそう言わせたのでしょう。ところが、イエスに厳しくしかられます。サタンというのは悪魔のことですが、ここでイエスの言った、「神のことを思わず、人間のことを思っている」というその言葉が、イエスの死は、人間の常識を越えたものであることを暗示しています。この受難・死の予告は三回も弟子たちに告げられました（マルコ9・30－32、10・32－34参照）。そしてまた、ヨハネ福音書では、もっと不思議なことが語られています。

だれもわたしから命を奪い取ることはできない。わたしは自分でそれを捨てる。わたしは命を捨てることもでき、それを再び受けることもできる。これは、わたしが父から受けた掟である（ヨハネ10・18）。

ここでイエスは、はっきりと、自分は殺されるのではなく、自分でいのちを捨てるのだ、しかもそれは天の父の命令だと言うのですから、イエスの死はまことに神秘的です。その十字架の日は近づいてきます。弟子たちに、「しばらくすると、あなたがたはもうわたしを見なくなる」（ヨハネ16・16）とか、「わたしは父のもとから出て、世に来たが、今、世を去って、父のもとに行く」（ヨハネ16・28）など、その時期の迫っていることを告げます。けれども弟子たちは、「『しばらくすると』と言っておられるのは、何のことだろう。何を話しておられるのか分からない」（ヨハネ16・18）と語り合っています。イエスは自分の死が切迫していることを知っておられましたが、弟子たちはそれが理解できなかったようです。

十字架上の死

いよいよその時がきて、イエスが十字架にかけられるのです。その前後の出来事はとても重要な意味を持っていますので、四つの福音書にはそれぞれ詳しく記述されています。あなたもぜひ聖書を開いて（マタイ26・1～27・61、マルコ14・12～15・47、ルカ22・1～23・56、ヨハネ13・1～19・42のいずれかを）読んでみてください。その出来事については、後の講で触れることもありますので、ここで詳しいお話しはいたしませんが、時間的経過をたどりますと次のようになります。まず、死去の前夜、弟子たちと共に最後の別れの食事（最後の晩さん）をし、そのあと近くのオリーブ園に向かわれ、そこで、真夜中に神殿側の役人によって逮捕され、形式的な裁判によって死刑の判決を受け、ローマ総督の決裁を受けて十字架にかけられ、その日のうちに墓に葬られることになるのです。ここではその経過のなかから二、三問題点を取り上げて、少し考えてみたいと思います。

さきほど、イエスは自分から死に向かって進んで行ったことを話しましたが、この逮捕や裁判の様子を見ましても、それがはっきりいたします。逮捕のときは真夜中で、剣や棒を持ったかなりの人数が繰り出されたようです。ここでイエスが逃げようとすれば、その前にいくらでも機会はありました。ところが弟子たちの目の前で、まったく無抵抗に自分から進んで捕まってしまうのです。また続く裁判でも、「お前は神の子、メシアなのか」という問いに、はっきり「そうです」と答えます（マルコ14・61－64、マタイ26・63－66参照）。これは神をぼうとくする言葉であるとして、その瞬間に、死に値すると裁決されてしまうのですが、このときでも言い逃れをすれば、せいぜいむち打ちぐらいで釈放されていたでしょう。しかしイエスは、どんなに辱《はずかし》められ苦しめられても、死を逃れようとはしなかったのです。

十字架の刑、それは数多い死刑のなかでも、最もむごたらしい方法といわれます。私たちと同じ肉体を持つイエスにとって、その苦痛はとても私たちの想像できることではありません。逮捕されてからさんざんなぶりものにされ、むちで打たれ、頭にはいばらで作った冠をかぶせられ、その鋭いとげはようしゃなく頭の皮を破り血があふれます。その上、刑場まで十字架を担《にな》って歩かなければならなかったのです。刑場に着くと、その十字架に手足を釘《くぎ》で打ちつけるという残酷さですから、それを絵や像にすれば、見慣れない人がぞっとするのも無理はありません。

正午ごろ十字架にかけられ、午後三時ごろ息を引き取られたようで、その最後のとき、「わが神、わが神、なぜわたしをお見捨てになったのですか」と叫び、その後「大声で叫び、息を引き取られた」と聖書は記述（マタイ27・46、50）します。このことを指し、イエスは死ぬとき、日本流の「神も仏もあるものか」という言葉を叫んで死んだなどといわれることもあります。

しかし、この言葉はイエスに限らず、当時のイスラエル人が子どものころから暗記させられていた「詩編」という祈りの一節で、この祈りの全体を流れるものは、神に対する感謝の祈りなのです。また最後の大声は、ルカ福音書によると、「父よ、わたしの霊を御手にゆだねます」（ルカ23・46）と大声で叫んだとあります。ヨハネ福音書では、「成し遂げられた」（ヨハネ19・30）と言って息を引き取ったとなっています。十字架上での最後の言葉は、かなり聞き取りにくかったでしょうし、また、異常な状態のなかですから、人々によって言葉の受け取りかたが異なったとしても無理はありません。このヨハネの福音書によれば、イエスのこの地上での使命はすべて予定どおりに成就したと言ったことになります。

イエスの十字架の死は、外面的にはイエスの敗北に終わったかに見えます。しかし、イエスにとっては、この地上での使命がすべて完成した、勝利の死であったのです。

こうして、イエスは十字架上で息を引き取ったのですが、弟子たちはどうしていたでしょうか。マルコ福音書によると、イエスが逮捕されたそのとき「弟子たちは皆、イエスを見捨てて、逃げてしまった」（マルコ14・50）のです。一人の若者は、身につけていた布を投げ捨てて、はだかで逃げるほどのあわてようでした（マルコ14・51－52参照）。前々から予告されていたのに、現実に目の前でそのことが起こると、彼らはすっかり動転してしまい、異常な恐怖にかられ、イエスを見捨てて暗やみのなかに消えてしまったのです。弟子たちは、人々の群れのなかにまざって、遠巻きにイエスの死を目撃していたことでしょう。しかし、イエスが完全に息を引き取ったことを知ったとき、もうすべては終わった、次は自分たちの身に及ぶのではなかろうかと、隠れ家にひそんでしまいます。

日の暮れないうちにイエスの死体は十字架から降ろされ、近くにあった墓にとりあえず埋葬されました。「あの人は何者だろう」と多くの人にさわがれ、嵐《あらし》のように吹き荒れた三年近いイエスの活躍は終わり、今や夜を迎えたのです。イエスは暗黒の墓に眠り、弟子たちは恐怖のなかに眠れぬ夜を過ごしたでしょうし、イエスの教えを信じた婦人たちは、わき出る涙のなかで悲しみに沈んでいたでしょう。これですべてが終わったのであれば、やがてイエスの名は少数の人々に記憶を残したとしても、歳月の経過と共にその思い出も消えたことでしょう。が、そこに何が起こったのか、イエスがキリストであったというお話は次講にいたしましょう。

Q 儒教（孟子）では、人は善で生まれるといっているのに、キリスト教では、生まれたときから罪びとだ、というのはどういうわけですか。

A キリスト教の根本には、神がこの世のすべてをお創《つく》りになったという、天地創造のできごとがあります。それによって神から創られた人間も、この天地万物と同じく、みな良きものとして創造されたのです。「神はお造りになった全ての者をご覧になった。見よ、それは極めて良かった」（創世記1・31）。全能・完全である神に、失敗や、わざと悪く創るなどというようなことはあり得ません。従って、キリスト教には、人間が悪く創られたとか、罪深く創られた、などの教えはありません。

しかし、創世記を読んでいただくと、二つの創造物語が描かれていることがわかります（1－2章参照）。それについては、さまざまな見解がありますが、神は人間をご自分にかたどって創り、いのちの交わりを結ばれたというのが教会の教理です。前半の創造物語では「神は御自分にかたどって人を創造された。神にかたどって創造された。男と女に創造された」（創世記1・27）と書かれております。後半の創造物語でもポイントとなるのは「人が独りでいるのは良くない」（創世記2・18）というあたりでしょう。こうして人間は楽園の中にいたわけですが、その後、人間は神の意志に逆らって、神から禁じられていた「善悪の知識の木」の実を食べた結果、神から離れて隠れます。教会はそれを原罪と呼びます。それは、いわば最初の人間であるアダムとイブが自由意思を濫用して引き起こした罪（神に対する不従順）、そしてその罪が全人類に与えた影響のことです。（『カトリック教会のカテキズム』397参照、カトリック中央協議会）。

神は人間をロボットのようにつくられたのではなく、友としておつくりになりました。ですから、人間の自由意志を尊重されます。神の意志を自分勝手に解釈し神から目を背けてしまった、そこに神との断絶関係がはじまったのです。その後のすべての罪は神の御心《み》に背き、神との親しい交わりを絶ったことです。

だれでも自分の良心に従わないとき、通常はその呵責《かしゃく》を感じます。人がどのように倫理的に正しい行為をしようと努力しても自分の胸に手を当てて自らの行いを顧みれば、自分の罪の現実に気付くはずです。このようなさまよえる人間を神は自ら探し求めておられるのです。

神のおきてに背いた人間の結末は、楽園からの追放でした。創世記3章には、誘惑を受けた人間がどのように罪に陥っていくか、またどのように責任を転嫁するかがよく描かれています。この原罪とその結果が人の心から社会へ、そして世界全体に及んでいくことは「カインとアベルの物語（兄弟殺し）」（創世記4・1－16）や「洪水物語」（同6・5〜6・19）「バベルの塔の物語」（同11・1－9）などから分かります。これらの物語は、アダムとイブの罪が人間社会全体に波及し、歴史にも関係してくることを示しているのです。パウロが述べているように、「一人の不従順によって多くの人が罪びととされた。一人の人によって罪が世に入り、罪によって死が入り込んだように、死は全ての人に及んだのです」（ローマ5・12、18－19）。

それにともなって、人間は自分の力で、人の本来の目的である神との命の交わり、神との一致に到達できなくなった……。全ての人間は原罪とその結果を背負って生まれてくるので、それが親から子へと伝わることになります。人がこの世に生まれてくる時、既にそれまでの人類が積み上げてきた罪の環境の中に生まれてくるわけです。こうして、人間が個人的・意識的に罪（自罪）を犯す年齢に至る前にさえも、罪びとなのです。そのためにそこから救われる必要があります。

この関係を回復させるためにイエス・キリストはこの世に生まれ、そして、その死と復活によって、わたしたちと神との断絶をあがなっているのです。人間は弱いものです。何度でも具体的な罪を犯します。確かに罪は人間を傷つけ、ゆがめ、不幸の中に閉じ込めてしまいますが、その不幸をいちばん心苦しく思っておられるのは、神ご自身なのかもしれません。神は罪を犯した人間がご自分のもとに立ち戻ってくるのを待っておられるのです。神に対し心からあやまることにより、神は何回でもゆるし受け入れてくれます。その意味において「罪がゆるされている」のです。

愛する者を知りつくそうとしてはならないのかもしれません。また、自分をいたずらに掘り下げてもいけない。わたしはわたし自身を知らない、という場所に立てたとき、人は自分自身を信じ、愛することを自覚するのではないでしょうか。

知りつくそうとするのを諦める、それは私たちを、安易に答えを求めることを止め、目に見えない彼方からの「応え」と共に問いのなかに生きる道へと導きます。「問いは問いを問いつくすことによって問いそのものを深め、純化する」と書いた人がいました。越知保夫《おちやすお》（1911－61）という、カトリックでもあった批評家です。もうこれ以上問うことはできないというところまで問うことによってのみ、問いは純粋になるというのです。越知は、この生きる態度こそ聖書を貫くものではないだろうかとも書いています。

たしかに聖書にはつきることのない問いがあります。しかし、そこに明解な答えは記されていない。同じ文章で彼は次のようにも記しています。「信仰は謎の解決ではない。解決を求める心の抛棄《ほうき》である」（『新版 小林秀雄 越知保夫全作品』）。

ここでは「放棄」ではなくあえて、「抛棄」という難しい文字が当てられています。手放すのでなく、それを遠くへなげるようにしなくてはならないというのでしょう。

信仰とは、人生に明らかな解決を求めようとする心を彼方の世界へ投じるところから始まる、というのです。私は、十代の終わりにこの一節に出会い、人生が少し変わったように感じています。

キリスト教とわたし──6

答えの彼方、彼方の応え

若松英輔《わかまつえいすけ》

批評家・随筆家

知ることが重んじられる現代では、信じることは、何かに目を閉ざすことのように感じられるかもしれません。しかし日常生活でも、ひとたび目を閉じなくては感じられないものがあるように、信じることでしか見えてこない何かが、この世にはたしかに存在するようにも思われます。また、日々生きることを深く、確かに支えてくれているのは、むしろ目には見えないものなのではないでしょうか。希望、情愛、あるいは信頼、もちろん、信仰もその一つです。

人は、知っていると思って疑わないものを信じることはできません。さらにいえば、知り得ないと本当に感じているものだけを、信じることができるのではないでしょうか。信じるという営みは、単に知ることの延長にあるのではなさそうです。しかし、知ることも二つの側面から考えてみることができるように思われます。一つは刹那的に知ること、もう一つは持続的に知りつつあることです。むずかしいことではありません。好きなひとのことを想えばこの違いは容易に分かると思います。

愛する人を私たちは生涯を費やして知ろうとします。むしろ、知ろうとする行為が相手を信じるという営みを深めていくようなことがあります。この人のことは確かに知っている。しかし知りつくすことはできないと感じたとき、私たちの内に信じるという営為がこつ然と生まれるように感じられます。ですから、

第8講　主はよみがえられた

闇から光へ

人生という旅のなかで、思いもかけない悪いことが重なって、どうしたらよいかわからないという一時期を過ごした人もありましょう。誠実に生きているその人には、なんの責任もないのに、どうしてこんなに不幸なことが続くのだろうと考えさせられることがあります。周囲の人々の温かい励ましと支えによって、それを乗り越える人もあるでしょうが、だれに相談もできず独りもんもんとして、その後の人生をますます暗い方向へ歩んでいってしまった人もあるでしょう。そのときだれかが明るい光を与えることができたとしたら、その人は再び光の道を見出すことができると思うのです。これは大切なことです。だれかが夜を歩いているなら、朝のあることを教えてあげねばならないのです。けれども、それは口で言うほど簡単なことではありません。その、夜を歩く人のすべてを理解し、物心両面から手を差し伸べてあげる、それいが親子とか兄弟であればできるかもしれませんが、赤の他人ともなると、言うは易くして行いがたしだと思います。

人生のなかで出会うどんな闇《やみ》でも、その向こうに必ず光があることを、身をもって教え示した人物があります。それがこの講座の中心であるイエス・キリストです。どうして闇から光なのか、このことを今回はあなたと共に考えていきたいと思います。と言いましても、前講で話しましたように、イエスは十字架上で亡くなって、墓に葬られてしまいましたし、弟子たちにしても、先生であるイエスが殺されてしまったので、これからどうしたらよいのか、これまたまったくの闇のなかに放り出されてしまったのです。彼らは、死刑になった人の弟子でしたから、公然と町のなかに出ていくこともできません、恐ろしかったと思うのです。話は少し前にさかのぼりますが、イエスが裁判を受けていたころの出来事を引用してみましょう。

ペトロが下の中庭にいたとき、大祭司に仕える女中の一人が来て、ペトロが火にあたっているのを目にすると、じっと見つめて言った。「あなたも、あのナザレのイエスと一緒にいた」。しかし、ペトロは打ち消して、「あなたが何のことを言っているのか、わたしには分からないし、見当もつかない」と言った。そして、出口の方へ出て行くと、鶏が鳴いた。女中はペトロを見て、周りの人々に、「この人は、あの人たちの仲間です」とまた言いだした。ペトロは、再び打ち消した。しばらくして、今度は、居合わせた人々がペトロに言った。「確かに、お前はあの連中の仲間だ。ガリラヤの者だから」。すると、ペトロは呪いの言葉さえ口にしながら、「あなたがたの言っているそんな人は知らない」と誓い始めた。するとすぐ、鶏が再び鳴いた。ペトロは、「鶏が二度鳴く前に、あなたは三度わたしを知らないと言うだろう」とイエスが言われた言葉を思い出して、いきなり泣きだした（マルコ14・66－72）。

前にも出てまいりましたペトロは、イエスの弟子たちのなかのリーダーです。そのペトロは、イエスが逮捕される前、イエスから「あなたは、今日、今夜、鶏が二度鳴く前に、三度わたしのことを知らないと言うだろう」（マルコ14・30）と言われていたのです。そのときペトロは「たとえ、御一緒に死なねばならなくなっても、あなたのことを知らないなどとは決して申しません」（マルコ14・31）と、はっきり言っています。にもかかわらず、現実に事が起こると、はげしい恐れに襲《おそ》われたために、その言葉どおりにはいきませんでした。イエスに忠実に従ってきたペトロでしたが、その心はいま暗闇《くらやみ》に落ち入ってしまったのです。

しかし、このペトロを非難することはできません。そこに人間の弱さをかいま見るようですし、私たちにしても、問題に出会ったとき、言っていたことと同じ態度がとれるとはかぎらないからです。それにしても、当時としては決して口にしてはならない「呪いの言葉さえ口にしながら……知らない」（マルコ14・71）と逃げ口上を言ってしまったのです。そのペトロの耳に、鶏の鳴き声が入りました。そのときペトロはイエスの言葉を思い出して泣きました。それもルカ福音書によると、「激しく泣いた」（ルカ22・62）とあります。それは聖書のなかの感動的な一場面です。ペトロにしても他の弟子にしても、異常な混乱と動揺のなかで理性を失い、自分で自分をどうしてよいかわからなくなっていたと思います。そして、まったく光を失い、闇に落ち入ってしまったのです。

さて、前講で、イエスが三回も自分の受難と死を予告したことを話しましたが、そのなかに不思議な言葉があったことを覚えていらっしゃるでしょうか。それは「殺され、そして三日の後に復活する」という言葉、また「わたしは命を捨てることができ、またそれを再び得ることができる」という言葉もありました。こうした言葉を、弟子たちは上の空で聞いていたように思えます。もしこれらの言葉を身に留めて、更に信じて、しばらくがまんしていれば、再びイエスに会えると確信して、心強く待っていたにちがいありません。しかし、現実にイエスの死・埋葬を目撃した弟子たちは、そのイエスの言葉を思い出す余裕を失っていたようです。ところが、マタイ福音書を見ますと、一つの奇妙な記事に出会います。神殿側の一団が総督のところに行って、次のようなことを言っているのです。

閣下、人を惑わすあの者がまだ生きていたとき、「自分は三日後に復活する」と言っていたのを、わたしたちは思い出しました。ですから、三日目まで墓を見張るように命令してください。そうでないと、弟子たちが来て死体を盗み出し、「イエスは死者の中から復活した」などと民衆に言いふらすかもしれません（マタイ27・63－64）。

そこで、総督は墓を封印させ、番兵をつけたというのです（マタイ27・65－66参照）。イエスを殺害した側の人たちが「三日後に復活する」と言われたイエスの言葉を思い出し、弟子たちがこの言葉を忘れてしまっていたと考えられます。神殿側の人たちにしても、それを信じていたわけではなく、たあいのない話ぐらいにしか考えてはいなかったでしょう。しかし、イエスの言った「三日後に復活する」という予告が、闇から光への実現となったのです。

よみがえりの朝

イエスが十字架につけられたのは金曜日とされていますが、当時の律法では金曜日の日暮れから土曜日の日暮れまでは安息日として、一切の労働や外出は厳しく禁止されていました。ですから、イエスの弟子たちや婦人たちは、ただ恐れのためだけではなく、規則どおり家に引きこもっていなければならなかったのです。そして次の日の朝早く、つまり日曜日ですが、このとき、不思議な出来事が起こっていたのです。このことについては四つの福音書にそれぞれ述べられていますので（マタイ28・1－15、マルコ16・1－8、ルカ24・1－12、ヨハネ20・1－10のいずれか）、あなたもぜひ目をとおしてくださるようにお願いします。

ことの起こりは、確かに埋葬したはずのイエスの遺体が墓から消えていたということから始まります。四つの福音書では、状況が少しずつ異なっているように見受けられますが、それは、この出来事を福音書に書いた人々が相談して作り上げたものではないことの証明にもなります。しかしそれよりも、弟子たちの間に大変な混乱があったことを示しているようです。それはなんとも、人間の頭では理解しにくい、神秘的な出来事ですから無理もありません。

さて、これは重要なことですから、順を追って考えてまいりましょう。まず墓が空になっているのを最初に発見したのが、婦人たちであったことは、四福音書をとおして同じです。金曜日の夕方、取り急ぎイエスを墓に納めたのが、婦人たちには気にかかっていたのでしょう。安息日の終わった日曜日の朝早く、彼女たちは当時の習慣に従って、遺体をていねいに清め、香油を塗り、新しい布で包もうと出かけるのです。ところが墓に着いてみると、そこにあるはずの遺体が無くなっているのです。そして婦人たちはそこで、見えないはずの姿を見たというのです。マタイ福音書によると、「その姿は稲妻のように輝き、衣は雪のように白かった」（マタイ28・3）。マルコ福音書では、「白い長い衣を着た若者」（マルコ16・5）。ルカ福音書では、「輝く衣を着た二人の人」（ルカ24・4）であり、ヨハネ福音書には、「白い衣を着た二人の天使」（ヨハネ20・12）とあります。天使といえば、絵画では羽があって弓を持った子どものように描かれていますが、あれはギリシア神話に出てくるキューピッドであって、ここに出てくるのは霊であるはずです。父なる神をこの目で見ることができないのと同じように、天使も目には見えないものです。ところがこの朝、見えるはずのイエスの遺体が見えないで、見えないはずの天使の姿が見えたというのですから、まことに神秘的です。婦人たちはたいへん驚いて、弟子たちのところに知らせに走ります。ところがルカ福音書によると、「使徒たちは、この話がたわ言のように思われたので、婦人たちを信じなかった」（ルカ24・11）と書いています。しかしペトロともう一人の弟子は、念のために墓に走ります。ところがそこには、仮埋葬のときにイエスを包んだ布だけがあって、遺体は無かったのです。ルカ福音書には、「この出来事に驚きながら家に帰った」（ルカ24・12）と記されています。これは、何が起ったというのでしょうか。神殿側の人たちがどこかに持ち出したのでしょうか、そんなはずはありません。さきほどのマタイ福音書によりますと、神殿側では、弟子が盗みにきてはいけないと、わざわざローマ軍に頼んで番兵をつけたくらいですから、自分たちが持ち出すはずがありません。それでは弟子が持ち去ったのでしょうか。ここで一つのエピソードを引用しましょう。

数人の番兵は都に帰り、この出来事（マタイ28・1−4参照）をすべて祭司長たちに報告した。そこで、祭司長たちは長老たちと集まって相談し、兵士たちに多額の金を与えて、言った。『「弟子たちが夜中にやってきて、我々の寝ている間に死体を盗んで行った」と言いなさい……』……兵士たちは金を受け取って、教えられたとおりにした。この話は、今日に至るまでユダヤ人の間に広まっている（マタイ28・11－15）。

イエスに関係のない一般のユダヤ人にとって、金で買収された兵士たちの「弟子が盗んだ」という話には、ああそうかぐらいで、そのうわさは広まったかもしれません。しかし、弟子たちのリーダーであるペトロさえ、たいへんなことだと驚いているくらいですから、弟子たちが盗んだとは考えられないことです。それでは、両方に関係のない人間が持ち去ったというのでしょうか。わが国でも古墳といわれるものは、そのほとんどが盗掘されていて、考古学者をがっかりさせています。エジプトのピラミッドにしても、盗掘を防ぐために、あのような巨大な墓を造ったといわれます。しかし盗掘の目的は遺体ではなく、一緒に埋められた金・銀・財宝類で、イエスのように、金目の物がひとかけらもない墓から、盗むはずもありません。ではいったいどうなったのでしょうか。ヨハネ福音書の一場面を引用しましょう。

マリア（マグダラのマリア）は墓の外に立って泣いていた。泣きながら身をかがめて墓の中を見ると、イエスの遺体の置いてあった所に、白い衣を着た二人の天使が見えた。一人は頭の方に、もう一人は足の方に座っていた。天使たちが、「婦人よ、なぜ泣いているのか」と言うと、マリアは言った。「わたしの主が取り去られました。どこに置かれているのか、わたしには分かりません」。こう言いながら後ろを振り向くと、イエスの立っておられるのが見えた。しかし、それがイエスだとは分からなかった。イエスは言われた。「婦人よ、なぜ泣いているのか。だれを捜《さが》しているのか」。マリアは、園丁だと思って言った。「あなたがあの方を運び去ったのでしたら、どこに置いたのか教えてください。わたしが、あの方を引き取ります」。イエスが、「マリア」と言われると、彼女は振り向いて、ヘブライ語で、「ラボニ」と言った。「先生」という意味である。イエスは言われた。「わたしにすがりつくのはよしなさい。まだ父のもとへ上っていないのだから。わたしの兄弟たちのところへ行って、こう言いなさい。『わたしの父であり、あなたがたの父である方、また、わたしの神であり、あなたがたの神である方のところへわたしは上る』と」。マグダラのマリアは弟子たちのところへ行って、「わたしは主を見ました」と告げ、また、主から言われたことを伝えた（ヨハネ20・11－18）。

マグダラのマリアといわれる女性は、罪のある女として人々から除《の》けものにされ、まったくの闇のなかを歩いていたのですが、イエスに罪をゆるされ、光を取りもどしたマリアです（ルカ8・2、マタイ27・56、マルコ15・47参照）。その後、イエスを最大の恩人として、イエスや弟子たちの世話をしていたようで、イエスの死を最も悲しんだ一人です。そのマリアにイエスが姿を現す有名な場面ですが、マリアは最初、イエスの体が無くなったことを見て、だれかがどこかに移したとしか考えようがなかったでしょう。だから、イエスが姿を現したときにも、「園丁」だと思ったのです。死んだイエスがよみがえるなど夢にも思っていなかったので、イエスとは思えなかったのでしょう。ところが、イエスの「マリア」という呼びかけに、マリアがすぐに「ラボニ」と答え、あのイエスであることを認めています。マリアは非常に驚き、大きな喜びに満たされたにちがいありません。

ところがその後、弟子たちのところにも、イエスは姿を現したのです。ルカ福音書によりますと、「彼ら（弟子たち）は恐れおののき、亡霊を見ているのだと思った」（ルカ24・37）とあります。それにヨハネ福音書では、イエスが姿を現したとき、戸をしめていたのに弟子たちのなかに立たれたとあります（ヨハネ20・19－23参照）。これも、常識的には不思議なことで、普通では考えられないことです。最初に出現したとき、その場にいなかった一人の弟子の話がありますので、引用してみましょう。

十二人の一人でディディモと呼ばれるトマスは、イエスが来られたとき、彼らと一緒にいなかった。そこで、ほかの弟子たちが、「わたしたちは主を見た」と言うと、トマスは言った。「あの方の手に釘の跡を見、この指を釘跡に入れてみなければ、また、この手をそのわき腹に入れてみなければ、わたしは決して信じない」。さて八日の後、弟子たちはまた家の中におり、トマスも一緒にいた。戸にはみな鍵がかけてあったのに、イエスが来て真ん中に立ち、「あなたがたに平和があるように」と言われた。それから、トマスに言われた。「あなたの指をここに当てて、わたしの手を見なさい。また、あなたの手を伸ばし、わたしのわき腹に入れなさい。信じない者ではなく、信じる者になりなさい」。トマスは答えて、「わたしの主、わたしの神よ」と言った。イエスはトマスに言われた。「わたしを見たから信じたのか。見ないのに信じる人は、幸いである」（ヨハネ20・24－29）。

実際にこの目で見、手で触れてみなければ信じないと言ったトマスを笑うことはできません。イエスが、復活されたという事実はもう疑う余地がありません。こうして彼らは、うち沈んでいた悲しみ恐れから一転して、大きな喜びと希望を持ったのです。しかし、イエスのよみがえりの底にひそむ大きな意義については、まだ理解できなかったようです。

さて、ここまで読んでこられて、あなたも、トマスのように半信半疑かもしれません。このイエスの復活の状況は、聖書で読む以外の方法がありませんので、これ以上詳しく知ることは不可能といえるでしょう。しかし、この復活が単なる伝説でしかないなら、キリスト教は誕生しなかったのです。また、この復活こそが、私たちの人生に大きなかかわりを持つのです。

復活の意義

イエスが十字架上で殺されたとき、逃げてしまった弟子たちが、百八十度心境変化し、迫害も殉教も恐れないで、キリストを宣《の》べ伝えたことを考えますと、そこになにか不思議なことが起こったと推測することができます。その、死も恐れないでキリストを宣べ伝えることの中心が「復活」だったのです。聖書には、使徒パウロの手紙が十四通記録されていますが、そのなかに、次のように述べられています。

キリストが復活しなかったのなら、わたしたちの宣教は無駄であるし、あなたがたの信仰も無駄です。更に、わたしたちは神の偽証人とさえ見なされます（一コリント15・14－15）。

パウロが言っているように、復活がなかったなら、キリストへの信仰もなかったし、弟子たちを奮《ふる》い立たせることもなかったのです。使徒たちのリーダーであるペトロも、その後ローマに行き、そこで十字架につけられ、しかも逆さにかけられて殺されます。パウロも同じころ斬《ざん》首《しゅ》されますし、他の使徒たちもほとんどは殉教の道をたどります。それほど強い信念を持ったのは、復活したイエスを見たからでした。

しかし、復活の信仰を人々に伝えるのは困難なことだったようです。それは死者の復活などという考えが、当時の人々の間にもなかったからです。聖書にある「使徒言行録」（使徒の宣教活動の記録）には、「死者の復活ということを聞くと、ある者はあざ笑い、ある者は、『それについては、いずれまた聞かせてもらうことにしよう』と言った」（使徒17・32）ということもあったのです。さきほどのトマスに現れたイエスの言葉のなかに、「わたしを見たから信じたのか。見ないのに信じる人は、幸いである」とありましたが、イエスの復活をその目で見た使徒たちが、見ない人々に復活を説くのは困難なことだったと思います。しかし、彼らの絶対的な確信は、やがて広く、見ないで信じる人々を得るのです。

ところで、使徒たちは、自分たちの先生イエスは殺されたけれども復活された、ただそのことだけを告げ歩いたのではありません。それは、復活されたイエスこそ、昔から預言されていたメシアであり、神の御子《おんこ》キリストであったと確信したからです。前講で、イエスがペトロに「わたしを何者だと言うのか」と質問されたとき、「神からのメシア」(ルカ9・20)ですと答える場面を引用しましたが、このときのペトロはまだ確信には至っていなかったのです。それは、その後の彼の言動によってわかります。しかし、復活のイエスを見、生前のイエスの言動を思い浮かべたとき、この方こそ「神のメシア」、救い主キリストであったと、心の底から確信するに至ったのです。だからこそ、ペトロも他の弟子たちも強くなったのです。ルカ福音書のなかに、復活されたイエスが二人の弟子と共に歩く話がありますが、そのなかでイエスが二人の弟子に次のように話します。

「ああ、物分かりが悪く、心が鈍く預言者たちの言ったことすべてを信じられない者たち、メシアはこういう苦しみを受けて、栄光に入るはずだったのではないか」。そして、モーセとすべての預言者から始めて、聖書全体にわたり、御自分について書かれていることを説明された（ルカ24・25－27）。

そして話は前にもどりますが、イエスは神殿側の人たちに逮捕される直前、父なる神に切に祈りました。

父よ、御心《みこころ》なら、この杯をわたしから取りのけてください。しかし、わたしの願いではなく、御心のままに行《おこな》ってください（ルカ22・42）。

「この杯」というのはイエスがこれから受ける苦難と死のことです。イエス自身これから受けるであろう言語を絶する苦難と死、それをできることなら、取りのけてほしかったでしょう。ところがイエスは、父なる神が望まれるのであれば、そのとおりになさってください、とすべてを委《ゆだ》ねたのです。その結果、大きな苦しみ、すなわち闇に入りましたが、その先には、何倍もの喜び、光・栄光が待っていたのです。この世で出会う多くの苦難、それはだれも望むことではありません。そして、どうしても逃れることのできない、愛する人との別れや死などがあります。しかし復活したイエスはわたしたちに永遠の命を示し、人生の同伴者として共に歩んでくださいます。神へと向かう私たちの生き方は闇から光へと大きく変わっていくのです。

Q 数ある宗教のなかから、一つを選び出すことはむずかしいことです。選ぶ基準を教えてください。

A だれでも、世界中の宗教を全部、一つ残らず調べ尽くして、その上でどの宗教が正しいかを決めるというようなことは、できるものではありません。友だちや結婚の相手でもそうです。世界中の男（女）の人を調べて、そのなかからただ一人の結婚の相手を選ぶ女（男）の人があるでしょうか。

宗教も、本当のところは、つき合ってみないとわからないものです。特に信仰には、その神様・仏様を信じ、ひたすらに信頼する、というところがあります。少し離れて、その教えを頭で考えただけでは、まだその信仰そのものはわからない、といえるでしょう。その信仰に従おうと決意し、その教えを実践しない限り、本当の意味でその宗教をわかることはできません。たとえば、水泳の教科書を一生懸命読んで、わかったつもりでも、実際に水に入って泳がない人には、水泳のほんとうの醍醐《だいご》味《み》はわからないのと同じです。あるいは恋愛小説をいくら読んでも、本当の恋愛をしたことにはならないのと同じです。

「一つを選び出す」ということは、たしかにむずかしいことですが、少なくとも、以下の条件がそろっていなければ、本当の宗教とはいえないでしょう。

(1) 反社会的なカルトではない宗教
(2) 理性と信仰が対立しない宗教
(3) 人間の自由を束縛しない宗教
(4) おどしたり恐怖を与えたりしない宗教
(5) 人間を向上させ幸福に導く宗教
(6) 教えを実践(福祉事業など)している宗教

なお、教会史上、初めて公式にカトリック教会の諸宗教対話に関する基本原則を定めた第二バチカン公会議(一九六二—六五)は、次のように宣言しています。

「カトリック教会は、これらの宗教の中にある神聖なものを何も拒絶することはない。その行動様式や生活様式も、その戒律や教理も、心からの敬意をもって考慮する。それらは、教会が保持し提示するものと多くの点で異なっているとしても、すべての人を照らすあの真理そのものの光を反映することも決してまれではないからである。とはいえ、教会はたえず『道であり、真理であり、いのち』(ヨハネ14・6)であるキリストをのべ伝えており、またのべ伝えなければならない(改訂公式訳『キリスト教以外の諸宗教に対する教会の態度についての宣言』2)」(『カトリック教会の諸宗教対話の手引き　実践Q&A』カトリック中央協議会　参照)。

説の中では、そんな彼らの内面の哀しみや苦しみに共感の光りが注がれます。そして「人生のマイナスはプラスに変わる」という遠藤氏の視点にも驚きました。弱さを無意味と切り捨て、自己否定をし続けていた自分とは全く逆の視点だったのです。こうして読み進んでいくうちに、遠藤氏がカトリック信徒であることを知るようになり、氏の考え方の背後にカトリックの信仰とその神の姿があることがわかってきました。そしていつしかカトリックの信仰に興味を抱くようになり、遠藤氏の本の中に「親友」として出てくる井上洋治神父に会いたいと願うようになりました。

井上神父が東京に住んでいることは、その著作の略歴で知ることができました。一方、私の住まいは愛知県名古屋市の隣町。そんな私が上京し井上神父に会える唯一のチャンスは、大学受験で上京する機会を利用することでした。こうして上京したある日、当時井上神父が住んでいた教会の目の前の公衆電話から直接電話をかけたのです。思い返せばその出会いが私の人生の転機でした。その後、大学入学のため上京した私は、その年から井上神父がマンションの一室で始めた「風の家」(日本の文化風土にキリスト教を花開かせるための信仰運動体)に通い始め、そこで洗礼を受けました。19歳の時のことです。その時はまさか自分が神父になるなどと思ってもみませんでした。遠藤氏の本と井上神父との出会い、それら「出会い」を通して神様が働かれたと今感じています。

キリスト教とわたし——7

「出会いの神秘」

伊藤幸史《いとうこうし》

カトリック新潟教区司祭

「弱くイヤな自分…」中学時代の私はこんな自己嫌悪感に満たされていました。当時は“校内暴力”が社会問題化し、生徒間や教師に対する暴力事件が多発した時代。弱腰教師の授業では生徒が騒いで成り立たず、授業の合間には体力の弱そうな者が狙われ、面白半分に殴打されるのです。そうした中で私は、暴力の火の粉が降りかからぬよう逃げ腰の卑怯者で傍観者でした。そんな自分が嫌いで仕方がなかったのです。やがて高校へと進学した私の最大の目標は、体を鍛えて「イヤな自分」を変えることでした。そのためにラグビー部に入り体を鍛えました。ところが肉体的には徐々に鍛えられても、不思議なことに「弱くイヤな自分」という思いは心の底につきまといます。体を鍛えれば鍛えるほど目指す目標は高くなり、そこへ至れぬ自分に嫌悪感が高まる悪循環。そんな時、追い打ちをかけるように失恋し、大学受験にも失敗。こうして大学浪人を始めたころは、私はいつしか自己嫌悪の塊のようになっていました。そんな時、遠藤周作氏の小説に没頭していくことになったのです。

遠藤氏の小説を初めて手にしたのはそれ以前、高校２年のことでした。その時はただ「少し面白い本だなあ」程度の関心でした。しかし、自分が自己嫌悪の渦にはまり込んでいた浪人時代、あらためて読み始めると、そこに登場する人物たちがまさに自分の状況と重なったのです。弱く惨めな登場人物たち。小

第9講　いつもあなたと共にいる

峠を越えて

この「峠」という文字は、日本独特の漢字だそうです。山また山に囲まれたわが国では、どうしても必要な文字だったのでしょう。よく知られている峠の名前に天城《あまぎ》峠、乙女《おとめ》峠、大菩薩《だいぼさつ》峠などがあります。この峠という言葉は、「手向」（タムケ）がタムゲになり、それがタウゲ→トウゲになったという説があります。昔といっても千年以上も前の話ですが、朝廷から地方に任官されて遠国に出かける人々は、いくつもの峠を越えるごとに、その頂上付近に祭壇を造って祭りをします。そこまで守ってくれたと思われる神々に感謝し、これから入って行く土地の神々を招いて、よろしくお願いしますと「手向」をしたのでしょう、あちらこちらの峠の頂上付近から、祭りに使用したと思われる土器などが発見されています。今では、峠越えなどの苦労は昔話になってしまいましたが、その当時の人々にとっては、あえぎあえぎ上りつめ、さてその向こうに何が待ち受けているのか不安も大きかったでしょう。

さて、イエスの弟子たちは今、峠の頂上に立っているようです。その前の数日は、弟子たちにとってとても厳しい道でした。しかし、イエスの復活を体験し、大きな喜びに力づけられ、今ようやく峠の頂上に立ったようです。聖書を読みますと、復活後のイエスは四十日にわたって、ときおり弟子たちのところに現れますが、やがて弟子たちと別れを告げて、父である神のもとに上げられたと書かれています。これは教会ではキリストの「昇天」というふうに言っています。が、竹取物語のかぐや姫のように、天から迎えがきて空高く上っていったというように勘違いしないでください。使徒言行録には、「雲に覆われて彼らの目から（イエスが）見えなくなった」（使徒1・9）とありますし、マルコ福音書には「神の右の座に着かれた」（マルコ16・19）とあります。つまり、イエスはこの地上での任務を完成し、父である神と等しい栄光を受けられたことを意味しています。弟子たちも今、先生イエスが旧約聖書で約束されていたメシア、キリストであったことを確信するようになりました。

弟子たちは、キリストから「全世界に行って、すべての造られたものに福音を宣《の》べ伝えなさい」（マルコ16・15）、「あなたがたは行って、すべての民をわたしの弟子にしなさい」（マタイ28・19）と命じられていましたが、おそらく彼らは、具体的にどのようにしたらよいのか戸惑《とまど》っていたと思うのです。その点では、昔の日本人が峠の頂上まで上ってきたとき、下って行く先に何が待ちかまえているか不安を感じたように、弟子たちも、これからどうなるかという不安があったと思います。ところが、イエスは前々から〝その心配はいらない、わたしが見えなくなっても、助け主・聖霊を遣わす〟と弟子たちに約束していたのです。そのことは後にお話しするとして、弟子たちは、ナザレのイエスに出会い、イエスと共に生活し、終わりに受難と十字架の死、そして復活・昇天と、いま大きな峠を一つ越えようとしているのです。

母マリアと共に

キリストを見送った場所は、使徒言行録によりますと、当時の都のエルサレムから約九百メートルほどのところにあるオリーブ山だったとあります。伝承によりますと、そこから帰った弟子たちは、イエスと共に最後の食事をした家に集まり、イエスの母マリア、また、その他の婦人たちと共に「心を合わせて熱心に祈っていた」（使徒1・14）と記録されています。

イエスの母マリアにとっては、弟子たち以上に心労の日々だったと思います。聖書はイエスの事跡が中心ですから、母マリアについては多くを語りませんが、イエスの活躍の陰にあってどれほど心を使われたことか、私たちお互いに母を持つ身として、あるいは現に母である人にとっても、察しがつくと思います。キリストであるイエスが、父のもとに上られた今、その母マリアを中心に弟子たちが共同生活を始めようとしています。

ヨハネ福音書によりますと、イエスは十字架の上から次のように言いました。

イエスの十字架のそばには、その母と母の姉妹、クロパの妻マリアとマグダラのマリアとが立っていた。イエスは、母とそのそばにいる愛する弟子とを見て、母に、「婦人よ、御覧なさい。あなたの子です」と言われた。それから弟子に言われた。「見なさい。あなたの母です。」そのときから、この弟子はイエスの母を自分の家に引き取った（ヨハネ19・25－27）。

この愛する弟子というのは、この福音書を書いたヨハネのことといわれていますが、他の考え方によりますと、それはヨハネ個人というより、すべての弟子の母となられたことを意味しているようです。母マリアは、わが子イエスが十字架というむごい刑を受けている姿を見ながら、どうする手だてもなく見つめていなければならない、その心はどんなだったでしょうか。昔から多くの画家が、十字架から降ろされたイエスを抱いて悲しみに沈む母マリアを描き、彫刻もされてきました。ローマの聖ペトロ大聖堂には、有名なミケランジェロの制作した大理石のピエタ像（悲しみの聖母像）があります。それを見て、多くの人がマリアの悲しみをしのび、心を打たれてきたのです。マリアは、わが子の異常な死という悲しみを体験している最中だったので、その復活を弟子たち以上の喜びを持って迎えられたことでしょう。

そしてマリアは今、弟子たちの母として彼らに囲まれて、心を合わせて祈っているのです。

その間には弟子たちと共に、イエスの思い出も語られたことでしょう。それまでだれにも話さなかった、イエス出生当時の話が出たかもしれません。それは神秘的な出来事でしたが、イエスの復活という大きな神秘を体験してきた弟子たちにとっては、容易に受け入れられたと思います。

マリアは、イエスの母となるそのとき、既に、旧約聖書に書かれている苦しみを受けるメシアのことを知っていましたので、メシアの母として、自分も多くの苦しみを味わわねばならないと予感されたにちがいありません。しかし、神を深く信じているマリアは、「わたしは主のはしためです。お言葉どおり、この身に成りますように」（ルカ1・38）と、すべてを神におまかせしたのです。そして「剣で心を刺し貫かれ」（ルカ2・35）るほどの悲しみに遭いましたが、神の御子《おんこ》キリストの母という栄光を受けられたのです。

以来、弟子たちは、イエスの母マリアを、自分たちの母として尊敬し続けていきます。キリストの約束された助け主・聖霊の遣わされる日は近づいています。

助け主なる聖霊

イエスの弟子たちは、イエスの話されたことを聞いてはいても、十分に理解してはいなかったのです。復活にしても、「三日目に復活する」と何回も言われていたのに、現実に目の前でイエスが殺されてしまったとき、それを思い出す余裕などなかったことは今までお話ししたとおりです。しかしイエスは、死・復活・昇天、そしてその後のことまで、弟子たちに話していたことが聖書に見られます。特にヨハネ福音書には、しばしば助け主・聖霊を遣わすと約束されています。でも弟子たちは、それを聞いても実感としてはおそらく何のことかわからなかったようです。それは次のような話でした。

あなたがたは、わたしを愛しているならば、わたしの掟を守る。わたしは父にお願いしよう。父は別の弁護者を遣わして、永遠にあなたがたと一緒にいるようにしてくださる。この方は、真理の霊である。世は、この霊を見ようとも知ろうともしないので、受け入れることができない。しかし、あなたがたはこの霊を知っている。この霊があなたがたと共におり、これからも、あなたがたの内にいるからである(ヨハネ14・15－17)。

これを読まれたあなたは、すぐ具体的なことが頭に浮かぶでしょうか。弟子たちにしても、「弁護者」とか「この方」と言われると、何かイエスに代わる人物のように思ったかもしれません。そのかたは「霊」であると言われると、何のことだろうと首を傾《かし》げたにちがいありません。現代においても、霊と名のつくものに恐れや関心があるようですが、それは多分に迷信的だったり、宗教と名づけて金もうけをたくらむ人の、おどしに利用されていることもあるようです。また、日常生活のなかにも、御霊前・霊場・霊園、盆には精霊《しょうりょう》迎えとか、深い山に入ると山の霊気を感じるなどなど、案外「霊」という言葉は身近に多く使われています。

さて、イエスの弟子たちは、もろもろの神・霊の存在を認めてはいませんでした。霊といえば、唯一の神の霊、また神の使い、天使も霊でしたが、相反する悪の霊を悪魔といっていました。イエスが約束した霊は、父と等しい霊だと言うのです。それも、弟子たちのそばにいるのではなく、「あなたがたの内にいる」(ヨハネ14・17)とも言っているのです。これは助け主・聖霊を考える上で大切なことです。この言葉に続いて「わたしが父の内におり、あなたがたがわたしの内におり、わたしもあなたがたの内にいる」(ヨハネ14・20)につながってくるのですが、そのことは少し先に考えるとして、では、聖霊はどんな働きをするのか、イエスの言葉を聞くことにしましょう。

今わたしは、わたしをお遣わしになった方のもとに行こうとしているが、あなたがたはだれも、「どこへ行くのか」と尋ねない。むしろ、わたしがこれらのことを話したので、あなたがたの心は悲しみで満たされている。しかし、実を言うと、わたしが去って行くのは、あなたがたのためになる。わたしが去って行かなければ、弁護者はあなたがたのところに来ないからである。わたしが行けば、弁護者をあなたがたのところに送る。その方が来れば、罪について、義について、また、裁きについて、世の誤りを明らかにする。……言っておきたいことは、まだたくさんあるが、今、あなたがたには理解できない。しかし、その方、すなわち、真理の霊が来ると、あなたがたを導いて真理をことごとく悟らせる（ヨハネ16・5－8、12－13）。

ここでイエスが「わたしが去って行くのは、あなたがたのためになる」と言うのは、ただ悲しんでいる弟子たちを慰めて、そう言われたのではありません。「わたしが行けば、弁護者をあなたがたのところに送る」と言われた言葉を考えますと、イエスの活躍、そして十字架・復活・昇天のあと、最終的な目的が、助け主である聖霊を送ることにあったのです。その働きについて、「罪について、義について、また、裁きについて、世の誤りを明らかにする」し、「真理をことごとく悟らせる」と言われます。また別のところでは、次のように告げます。

父がわたしの名によってお遣わしになる聖霊が、あなたがたにすべてのことを教え、わたしが話したことをことごとく思い起こさせてくださる（ヨハネ14・26）。

「思い起こさせてくださる」、弟子たちはイエスの言葉を忘れてはいなかったでしょう。昔の人は今の人以上に記憶力は優れていたようです。けれども、イエスの話の底にある深いもの、たとえば愛にしても、十字架の死・復活にしても、弟子たちには十分理解できていなかったのです。しかし「真理の霊」は、イエスのすべての言動の底にある真理を思い出させるのです。そのことは次の言葉でもわかります。

わたしが父のもとからあなたがたに遣わそうとしている弁護者、すなわち、父のもとから出る真理の霊が来るとき、その方がわたしについて証しをなさるはずである（ヨハネ15・26）。

真理の霊が送られるとき、弟子たちは、キリストの目的が何であったかをはっきりと知ることができるのです。またルカ福音書には、「会堂や役人、権力者のところに連れて行かれたときは、何をどう言い訳しようか、何を言おうかなどと心配してはならない。言うべきことは、聖霊がそのときに教えてくださる」（ルカ12・11－12）と、イエスは弟子たちに話しています。このように、イエスは、聖霊が遣わされること、また、その聖霊の働きについて、前々から話していました。ではその聖霊はいつ弟子たちのもとに送られるのでしょうか。ルカ福音書には、「わたしは、父が約束されたものをあなたがたに送る。高い所からの力に覆われるまでは、都にとどまっていなさい」（ルカ24・49）とありますし、使徒言行録では、昇天される前、「あなたがたは間もなく聖霊による洗礼を授けられる」（使徒1・5）と告げています。弟子たちは、その日を待って集まっていたのです。

聖霊降臨

まず、使徒言行録を読んでみましょう。

五旬祭の日が来て、一同が一つになって集まっていると、突然、激しい風が吹いて来るような音が天から聞こえ、彼らが座っていた家中に響いた。そして、炎のような舌が分かれ分かれに現れ、一人一人の上にとどまった。すると、一同は聖霊に満たされ、〃霊〃が語らせるままに、ほかの国々の言葉で話しだした（使徒2・1－4）。

この五旬祭というのは、ユダヤ教の過越祭《すぎこしさい》から五十日目に行われる祭りです。ということは、キリストの復活の日からも五十日目に当たると考えられます。ここでは聖霊が遣わされたという「しるし」が二つ出てまいります。一つは「風が吹いて来るような音」、もう一つは「炎のような舌」です。聖霊というのは、目に見えない霊ですから、それを送られても、実感としてはつかみにくいことです。例えば、洗礼の恵みも水という見えるしるしによって与えられるのと同じように、ここでもしるしをともなっていました。

この「風」と「炎」は、ただしるしというだけではなく、深い意味のあるしるしでした。使徒言行録の書かれたギリシア語では、「風」と「霊」と「息吹き」という言葉は、「プネウマ」という言葉で皆同じなのです。ここでは、実際に強い風が吹きつけたというのではなく、「激しい風が吹いて来るような音が天から聞こえ」たということは、神の息吹きによって、今、神の霊、すなわち聖霊が送られたことのしるしであったのです。

また、「炎のような舌が……一人一人の上にとどまった」というのも、実際に火が降ってきたというわけではなく、弟子たちの心が、炎のように燃え上がったということです。それは、「神は愛」ですから、その燃える「愛」が、弟子たち一人ひとりに送られたしるしとも考えられます。

ここで理解しにくいのは、「ほかの国々の言葉」で、弟子たちが語りはじめたということです。このことについては、聖書学者の説もまちまちですが、いずれにしても、不思議な現象があったと考えられます。

こうした出来事を「聖霊降臨」と呼んでいますが、この日から、ペトロをはじめとする使徒、弟子たちは、キリストの証人として力強く出発します。従ってこの日は、キリスト教会の誕生日ともいえる日なのです。

いつもあなたと共にいる

今まで、聖霊について考えてきましたが、おそらくあなたは、なんだかわかったようなわからないような気持ちをお持ちだと思います。昔から多くの神学者が、この聖霊について考えてきました。それをここで取り上げていましたら、際限のないことになりますので私たちの身近な問題としての聖霊を少し考えてみましょう。といいましても、現代の私たちに「風」が吹いてくるとか、「炎」が現れるということがあるわけもありません。では、聖霊はどのようにして受けるのでしょうか。さきほどの聖霊降臨の直後、ペトロは、集まった人々に立派な説教をしたことが、使徒言行録に出ています（使徒2・14－36参照）。その説教を聞いた多くの人々が、「わたしたちはどうしたらよいのですか」（使徒2・37）と尋ねています。それに対してペトロは、「悔い改めなさい。めいめい、イエス・キリストの名によって洗礼を受け、罪を赦していただきなさい。そうすれば、賜物として聖霊を受けます」（使徒2・38）と答えています。また、マタイ福音書の最後には、次の言葉があります。

あなたがたは行って、すべての民をわたしの弟子にしなさい。彼らに父と子と聖霊の名によって洗礼を授け、あなたがたに命じておいたことをすべて守るように教えなさい。わたしは世の終わりまで、いつもあなたがたと共にいる（マタイ28・19－20）。

「いつもあなたがたと共にいる」と言ったのは、キリストが見える姿でおられるというのではなく、聖霊がいつも共にいることを意味しています。

話はずいぶん前にもどりますが、洗礼者ヨハネが人々に水で洗礼を授けていたとき、そのヨハネは、「わたしは水であなたたちに洗礼〔バプテスマ〕を授けたが、その方（イエス・キリスト）は聖霊で洗礼〔バプテスマ〕をお授けになる」（マルコ1・8）と言っています。また、イエス自身も、「はっきり言っておく。だれでも水と霊とによって生まれなければ、神の国に入ることはできない」（ヨハネ3・5）と言っています。こうした言葉から、聖霊を受けることは、洗礼と切り離せないことがわかります。この洗礼については、講を改めて考えることにしますので、ここではそのことだけ記憶しておいていただきたいと思います。

では、さきほどの聖霊降臨を思い出してみましょう。風というしるしで聖霊は、そこに集まっていた、キリストを信じる弟子たち皆に同じように送られました。これは、キリストの教会と考えてよいでしょう。教会は、聖霊の働きで、世界のすみずみまでキリストの証しをしています。その教会が授ける洗礼によって、一人ひとりに聖霊がとどまるということは、ちょうど炎が分かれて一人ひとりにとどまったのと同じようです。

聖霊は、私たちを同じ性格・同じ思想にしてしまうものではありません。人にはそれぞれ持ち味があります。また、それぞれに与えられた能力・仕事・使命があります。それを、神のみ旨《むね》（神の意志）にかなうように導いていくのが、一人ひとりにとどまった聖霊なのです。聖霊の働きで、ああなった、こうなったと人間の側から、安易に勝手な判断はできませんが、一人ひとりが胸のうちで、私という人間がこうなった、あるいは、考えが次第に変わってきたなど、聖霊の働きを感じることはあるのです。たとえば、聖霊が「罪について」教えるとき、今まで罪と感じなかったことが、これではいけないなあという思いを持たせますし、「義について」も、私は人間として何をしなければならないのか、何が正しいことなのかも、次第に悟らせてくれます。そして、人生の根本は愛であることを深く悟らせるのも聖霊の働きなのです。

私たちが受ける聖霊は、父である神の霊であり、御子キリストの霊でもあるのです。先に引用しましたが、「わたしが父の内におり、あなたがたがわたしの内におり、わたしもあなたがたの内にいることが、あなたがたに分かる」（ヨハネ14・20）ようになるでしょう。父である神を信じ、キリストを信じて、その教えを守ろうと決心するならば、私たちは聖霊を受け、その働きによって導かれ、生きていくのです。そして、一日一日がどれほど大切なものであるかをも悟らせてもらえるのです。

「いつもあなたがたと共にいる」（マタイ28・20）という約束によって、私たちは、悲しみに出会ったときも、苦しみのときも、たとえ病気の床にあろうとも、また、必ず訪れる死に臨《のぞ》むときも、聖霊が私と共にいてくださることを信じるならば、私たちの人生は大きく変わっていくのです。

Q 良心は神の声だと言いますが、良心は教育と環境によってでき上がるものではないのですか。

A 教会では一般に、良心を「神の声」と説明します。よく考えてみれば、良心は確かに「神の声・神の導き」です。

しかし、だれも直接に、神の声が聞こえてくると思う人はいません。でも実際に生活の場では、善悪のことについて、心のなかに確かな反応を感じています。「してよかった」「するのではなかった」「済まないことをしてしまった」などの感じです。

確かに、おっしゃることにも一理あります。良心の働きは教育や環境、また健康や体調によって、いろいろと影響を受けています。もしこれが、直接に神の声だとすれば、そういう影響はないはずです。言われたとおりに聞こえるはずです。

しかし、だからといって、良心はただ教育や環境からだけの産物、とはいえません。二つか三つの子どもの正義心は、どこからくるのでしょう。へんなことを言ってごらんなさい。「うそ！　ほんとう？」と、必ず聞き返します。真実とウソという、むずかしいことをだれが教えたのでしょう。

良心を次のように説明できます。神は人間を、特に高度に進化させて、心と精神にまで高めた傑作として、お創《つく》りになりました。そして、この高度の生命体に、それにふさわしく、うまく生きて幸福になれるように、微妙で鋭い誘導装置を組み込まれました。善悪を見分けられる誘導装置です。精神的なセンサーとでもいえましょうか。ただ、これは人間の生命力のなかに組み込まれたものですから、精神の力が病んだり弱ったりしている場合、そのセンサーの働きは鈍《にぶ》ってきます。さらに、人間には自由意志がありますので、そのセンサーを無視することもできます。これが続きますと、センサーはくるったり、働かなくなります。また、いろいろな欲望、ときにはアルコールなどの力によっても、センサーは少しずつくるってきます。

心も体も健康であって、初めて十分に作動するのが良心です。良心を大切にしましょう。私たちの生命に組み込まれた、貴重な神の導き、まさに「神の声」なのですから。

き、孤独なとき、弱いとき、ちょうど親のふところに隠れるように、神さまのふところ深く隠れてしまう。そうして胸のなかで、「ありがとう」とか「助けてください」とか「とてもさみしい」とわたしはつぶやく。決して人には聞こえないつぶやきではあるが、そのあとほのぼのとした充足を感じるので、聖霊の内在を信じずにはいられない。

© 女子パウロ会
『あけぼの』1984年

なぜ信じるのか、とだれかに聞かれたら、そのほうが楽だからとわたしは答えるだろう。だれだって死ぬのはこわい。家族や友人を失うのもつらい。貧しさにさらされるのも耐え難いし、苦しい病気にもなりたくない。自分にふりかかってくる不幸の予感で、だれもが不安になり運命に対するおびえがある。

わたしは、それらのすべてを神さまに託してしまう。わたしの小さな思いをはるかに超えた神のわざは、わたしの人生のもっとも的確な時期に与えられ奪われるだろう。そして、もっとも効果的にわたしをお用いになるだろう。キリストを信じれば、とても楽なのである。人生は、顔をしかめておびえながら生きるより、感謝して楽に生きるほうが幸福なのではなかろうか。そして他者をも幸福にするだろう。

信仰とは道徳倫理ではない。自分の真の居場所をどこに置くかということなのだ。真の居場所がきちんと定まりさえすれば、そこを基点にしてどう自由に生きてもよいと思う。

わたしは自分の信仰があまりに単純なので、ときどきこれでよいのかと心配になってしまう。

（カトリック通信講座『キリスト教とは』1987年より転載）

キリスト教とわたし――8

信仰体験

重兼芳子《しげかねよしこ》

作　家

信仰体験を語るというのは、とても恥ずかしい。できることならだれにも秘密にして、そしらぬ顔をしていたいというのが本音だ。若いころ、人を好きになったとき、どうしても言葉に出せないという感情に似ているように思う。わたしの信仰をわたしから取り出して見せようとしても、わたし自身と信仰とをどう切り離してよいかわからないので、信仰体験を書こうと努めても途方にくれてしまう。

神さまに自分のまるごとを投げ出せば、聖霊の働きは、長所も短所も、欠点も美点も、明も暗も、すべてにわたって注がれていることを信じている。

19歳のとき洗礼を受けて以来、聖書に親しんできた。朝起きたとき、「新しいきょうをイエスさまから押し出されてはじめます」と祈る。「父と子と聖霊のみ名によりてアーメン」と感謝する。聖書から教えられたことをつきつめれば、それに尽きるような気がしてならない。

自分から神さまにしがみついているのではなく、あちらからしっかりと支えてくださっているという信仰は深い。たとえわたしが神さまのことを忘れていても、あちらは絶対にわたしのことを忘れるはずがない。

だからわたしは安心して神さまのことを忘れている。忘れていても、自分が感謝したくなるとき、うれしいとき、悲しいと

第10講　いのちの泉・祈り

手を合わせて

　食事の前後に、「いただきます」「ごちそうさまでした」と、手を合わせる習慣を持つ人は多いと思います。手を合わせるということは、人間特有の動作といえるでしょう。人間を超える何かに向かって手を合わせるということは、人間の美しい姿ではないでしょうか。でも、手を合わせるということは、幼い子どもならともかく、他人から勧《すす》められても、なかなかできるものではありません。

　ところが、ある日あるとき、自然に手を合わせていたという例も多いのです。ある中年の奥さんが、悪性のがんに侵され手術を受けることになりました。ところがすでに手遅れの状態で、医師からは手術しても成功率は低いと宣告されていました。手術の当日、そのご主人は待合室でじっと待っていたのですが、手術の時間が長びくにつれていたたまれない気持ちで、手術室近くの廊下に出、いつの間にかしっかり手を合わせていたそうです。別に信仰を持たない方ですから、何に向かって手を合わせたのか本人もわからなかったでしょうが、どうかもう一度妻を元気にしてほしいと念じ続けられたそうです。

手を合わせるということが、ただ自分に都合のよいことを願うだけであったり、形式的であったりすれば別ですが、人間を超えた、何か大きな存在に向けられたとき、自分の小ささ・弱さ・貧しさを発見するでしょう。だからこそ、私と同じように、弱い存在である周囲の人々にも目が向いていくのです。それはこれからお話しする祈りに通じることなのです。

祈り

わが国では〝お祈りします〟という言葉は、年賀状や電報・手紙などによく使われます。よく使われているのに、実は、祈る・祈りますは形式的に使われていることが多く、ほんとうは、祈るということがよくわかっていないように思われます。そのためでしょうか、祈りのあとに願いがついて「祈願」になることが多いのです。安全祈願・病気快復祈願・安産祈願などなど、これを社寺に申し出て祈禱《きとう》をしてもらうことも多いようです。優勝祈願・当選祈願などになると、相手を倒して自分が、という少々勝手な願いといえるでしょう。しかし、この祈り願うのは、人間の自然な気持ちから出てくるものですから、それがいけないというのではありません。

けれども、ここで考える「祈り」は、何かを願うということだけではないのです。

この「祈願」のほかに、「唱える」ということがあります。経《きょう》や祝詞《のりと》など、また念仏や題目を唱えるといいます。宗派によって異なるかもしれませんが、朝夕仏壇に向かって勤行《ごんぎょう》、すなわちおつとめがあり、それぞれの経を唱える・読経《どきょう》をします。長年実行しておられる人などは、経本を見なくてもすらすらとおつとめをしていますが、その経の意味はわからなくても、唱えることによって仏を賛美し、功徳《くどく》を積むことになるといわれています。多く唱えることによって前世の悪業から離れ、来世の安楽を得られ、先祖の霊をなぐさめることにつながると考えておられるようです。

また、「拝む」という言葉もよく使われています。それは、ある対象に向かって拝礼するということです。お墓を拝む、お地蔵さんを拝む、日の出を拝むなどなど。あるカトリック教会の一角に聖母子像（母マリアが幼いイエスを抱いた像）がありました、通りすがりのおばあさんがていねいに手を合わせて拝んでいました。ある日はその前に菓子や果物などの供え物が置いてありました。おばあさんから見れば、仏教の母子観音像と同じように思われたのでしょう。何かお願いしたのかもしれません。

教会では、「礼拝」という言葉を使います。それは、拝むということですが、カトリック教会で、キリスト像・マリア像に向かって拝んでいるように見えても、それは、お地蔵さんや観音さんを拝んでいるのとは全く違います。私たちが、故人の写真を見て思い出にふけると同じように、そうした像を見て、キリストの、マリアの心を思うのです。仏像のように開眼供養をして魂を入れたり、抜いたりということはありませんし、その像自体がキリストやマリアではないのです。けれども、信者が、キリスト像の前で祈りをしていれば、形から見れば、わが国の風習である仏像を拝んでいるのと同じように思われても無理もないでしょう。ただ、キリスト像・マリア像という対象があれば、その像を通して祈りにさそわれるというのに過ぎないのです。

さて、さまざまな宗教の祈願・唱える・拝むなど見てきましたが、では、キリスト教でいう祈りとはなんでしょうか。根本的には、神を礼拝し、神のご恩に感謝し、罪のゆるしを願い、恵みを請《こ》い求めるために心を神に向けて、神に語りかけることです。

ここで聖書を見ながら考えていきましょう。

まず、イエス自身が祈りの生活をしたということです。イエスの活躍していたころ、それは多くの群衆に囲まれ、休む間もない状態でした。しかし「朝早くまだ暗いうちに、イエスは起きて、人里離れた所へ出て行き、そこで祈っておられた」（マルコ1・35）、「人里離れた所に退いて祈っておられた」（ルカ5・16）、「祈るために山に行き、神に祈って夜を明かされた」（ルカ6・12）などとありますから、しばしば静かな時間を選んで祈りに専念していたのです。具体的にどのようなことを祈られたのか、それは神なる父とイエスの語らいですから、知るよしもありませんが、イエスの最後が近づいたとき、ペトロに向かって「わたしはあなたのために、信仰が無くならないように祈った」（ルカ22・32）と言っておられます。イエスが人々から離れて祈るのは、ただご自分のことだけではなく、弟子たちのため、すべての人のためであったと思います。また、あるときは「イエスがひとりで祈っておられたとき、弟子たちは共にいた」（ルカ9・18）とあるように、イエスは祈ることの大切さを、弟子たちに身をもって示したのです。またイエスは、重要なことを決断しなければならないときは、特に長い時間を祈ったことも聖書に見ることができます（ルカ6・12－16参照）。

このように、イエス自身はよく祈りました。そして弟子たちに対して、祈りの仕方などを教えています。

祈るときにも、あなたがたは偽善者のようであってはならない。偽善者たちは、人に見てもらおうと、会堂や大通りの角に立って祈りたがる。……あなたが祈るときは、奥まった自分の部屋に入って戸を閉め、隠れたところにおられるあなたの父に祈りなさい。そうすれば、隠れたことを見ておられるあなたの父が報いてくださる（マタイ6・5－6）。

前に出てきましたファリサイ人や律法学者のうちには、さも熱心に祈っているかのように、できるだけ人々の目につく所で祈る者もいたようです。イエスはそうした偽善をきらいますので、「奥まった自分の部屋に入って戸を閉め」と言います。これを文字どおりに受け取って、部屋に閉じこもれというのではありません。他人に見せるための祈りであってはならないと教えておられるのです。

あなたがたが祈るときは、異邦人のようにくどくどと述べてはならない。異邦人は、言葉数が多ければ、聞き入れられると思い込んでいる。彼らのまねをしてはならない。あなたがたの父は、願う前から、あなたがたに必要なものをご存じなのだ（マタイ6・7－8）。

何かの祈願をするとき、金額の多少によって札に大小があったり、祈禱《きとう》の時間が長かったり短かったりするようなことがあるとすれば、金で神・仏を買収しているようなものです。イエスが「言葉数が多ければ」と言うのも、これだけ長い時間をかけて願っているのだから神は聞き入れてくれるはずだと、まるで言葉数で神を屈服させるかのように思ってはいけない、といましめておられるのです。問題は、その願いが、父のみ旨にかなうかどうかが大切なことなのです。

だから、「何を食べようか」「何を飲もうか」「何を着ようか」と言って、思い悩むな。……あなたがたの天の父は、これらのものがみなあなたがたに必要なことをご存じである。何よりもまず、神の国と神の義を求めなさい。そうすれば、これらのものはみな加えて与えられる（マタイ6・31－33）。

父のみ旨（神の意志）を行わないで、ただ自分の都合のよいことだけ祈ったり願ったりすることをいましめています。

また、次のようにも話しました。

あなたが祭壇に供え物を献げようとし、兄弟が自分に反感を持っているのをそこで思い出したなら、その供え物を祭壇の前に置き、まず行って兄弟と仲直りをし、それから帰って来て、供え物を献げなさい（マタイ5・23－24）。

ここでイエスが教えようとしていることは、兄弟をゆるすことのできないような人は、神を愛することもできないということです。使徒ヨハネも「『神を愛している』と言いながら兄弟を憎《にく》む者がいれば、それは偽り者です。目に見える兄弟を愛さない者は、目に見えない神を愛することができません。神を愛する人は、兄弟をも愛すべきです」（一ヨハネ4・20－21）と言っております。

二人の人が祈るために神殿に上《のぼ》った。一人はファリサイ派の人で、もう一人は徴税人だった。ファリサイ派の人は立って、心の中でこのように祈った。「神様、わたしはほかの人たちのように、奪い取る者、不正な者、姦通を犯す者でなく、また、この徴税人のような者でもないことを感謝します。わたしは週に二度断食し、全収入の十分の一を献げています」。ところが、徴税人は遠くに立って、目を天に上げようともせず、胸を打ちながら言った。「神様、罪人のわたしを憐れんでください」。言っておくが、義とされて家に帰ったのは、この人であって、あのファリサイ派の人ではない。だれでも高ぶる者は低くされ、へりくだる者は高められる（ルカ18・10－14）。

当時のイスラエルでは、ファリサイ派の人は正しい人、徴税人（税の取り立てを請《う》け負っている人で、不正が多かった）は罪びとの代表とされていました。この二人の祈る態度を見ておられる天の父にとって、どちらが正しかったかをイエスは教えます。

主の祈り

弟子たちは、ある日イエスに、祈りを教えてくださいと願いました。それに対してイエスは、次のような祈りを教えたのです。

天におられるわたしたちの父よ、
御名《みな》が崇《あが》められますように。
御国《みくに》が来ますように。御心《みこころ》が行われますように、
天におけるように地の上にも。
わたしたちに必要な糧《かて》を今日《きょう》与えてください。
わたしたちの負い目を赦してください、
わたしたちも自分に負い目のある人を
赦しましたように。
わたしたちを誘惑に遭わせず、
悪い者から救ってください（マタイ6・9－13）。

これは、以来二千年、キリスト教にとって最も大切な「主の祈り」として、祈り続けられてきました。

まず、「父よ」という呼びかけから始まります。「天におられる」が、高い天の一角にいるということではありません。それは前にお話ししたとおりです。

「御名が崇められますように」。父なる神を、より多くの人が知り、愛し、尊敬しますように。それは、私が愛し、尊敬している父なる神の愛に対する、子どもとしての当然の願いでしょう。

「御国」とは、イエス自身によって、この地上に始められたものであって、それは、愛と正義と平和と真理によって成り立つ神の国ですが、私たちの周囲には、まだ憎《にく》しみや不正や戦争などがあって、御国の到来をさまたげています。また、自分自身を振り返ってみても、私は御国にふさわしい者といえるかどうか、私自身のこともふくめて、この地上に御国が完成されますようにと祈ります。

「御心」、それは、父なる神のお考えですから、私たちが手に取るようにすべてを知るということはできません。しかし、キリストの教えによれば、御心は、限りない愛と正義が中心であることを知ることができます。そのみ旨が、この地上でも実現するように、と願います。

「必要な糧」は、人間がこの世で生きるのに絶対必要なものです。現在、日本でも格差社会や子どもの貧困が重要なテーマになってきていますが、世界に目を向けますと、「必要な糧」に恵まれない人々は、約八億人（約九人に一人が栄養不足）という、おびただしい数になっていると聞きます（『世界の食料不安の現状』国連食糧農業機関、二〇一五年）。このイエスの教えられた「主の祈り」は、「わたし」ではなく、「わたしたち」となっていることを考えますと、私がきょう十分に食べたからといって、満足していてよいとはいえないのです。手を合わせて「いただきます」という祈りのなかにも、常に飢えている人々のあることを思い出したいものです。

次の「負い目」ですが、私たち弱い人間は、ついついつまらないことで、父のみ旨（神の意志）に反することがしばしばあります。それを父にゆるしてくださいと願うのですが、そこにひとつの条件があります。それは、私に対して負いめを持つ人、それも「赦しますから」ではなくて「赦しました」から、お父さん「赦してください」になるのです。これは当然のことでしょうが、なかなかむずかしいことかもしれません。

「誘惑に遭わせず」。これは、イエスがゲッセマネの園で、父なる神に切に祈ったとき、眠っていた弟子たちに言った言葉、「誘惑に陥らぬよう、目を覚まして祈っていなさい。心は燃えても、肉体は弱い」（マタイ26・41）と同じです。誘惑とは、悪へのさそいですが、私たちは、これではいけないと心では思っても、ついつい誘惑に引かれやすいものです。そこで、弱い私たちが負けないように、お導きくださいと常に祈るのです。

「悪い者から救ってください」。悪とは、神の国の到来をさまたげるもの、また貧困・病気・天災など、不幸をもたらすものをいいます。私たちは、精神的にも肉体的にも弱い人間ですから、そうした悪から救ってくださいと祈ります。

いのちの泉・祈り

自分の力でどうにもならない問題に出会ったとき、無力な私たちは、父に向かって助けを求める祈りの言葉が出てまいります。イエスは、「信じて祈るならば、求めるものは何でも得られる」（マタイ21・22）、また「あなたがたの天の父は、求める者に良い物をくださるにちがいない」（マタイ7・11）とも言っています。「信じて祈る」、これは私たちの祈りの最も基本的な心の姿勢です。これだけ祈願したのに、この神さまは聞いてくれないと嘆《なげ》くのは、それはその神さまを信じているのではなくて、利用しようとしているだけです。信じるということは、絶対的に信頼し、すべてをおまかせすることです。

イエスが受難、死去に臨まれたときに「アッバ、父よ、あなたは何でもおできになります。この杯をわたしから取りのけてください。しかし、わたしが願うことではなく、御心に適うことが行われますように」（マルコ14・36）と、切実に祈ったのですが、現実にはあの悲惨な苦しみ、死を逃れることはできませんでした。しかしそのあとに、大きな栄光を父から与えられたことは前に話したとおりです。父が与えてくださる「良い物」は、私たちが考える目の先の「良い物」ではないこともありましょう。それは、父のおぼしめしによる「良い物」であることを忘れてはなりません。父なる神を心から信じることは、口で言うほど簡単ではないかもしれません。〝私は信じている〟と思っていた人が、わずかなことで、がたがた崩れてしまうこともないとはいえません。求め願うことだけが祈りと考えているならば、父なる神を利用していることになるのです。

イエスが活躍していたころ、十人の病人を同時にいやされたことがありました。いやされた十人のうち、イエスの所に引き返してきて、大声で神をたたえ感謝したのは、さげすまれていたサマリア人一人だけだったのです（ルカ17・11－19参照）。病気がいやされた、願いがかなった喜びで、もう神を忘れ、感謝もしない九人、この人たちは、自分の都合でのみ神を信じていたのでしょう。私たちは、祈り求めるだけではなく、感謝することが大切です。私たちが気がついていなくても、父は、たえず「良い物」を与えてくださっておられるのです。その父の愛につつまれて生かされている私たちは、「父よ、感謝いたします」と、常に祈ることを忘れてはなりません。

私たちの人生には、右か左かどちらかを決断しなければならないことがあります。重大なこともありますが、小さなこと、それこそ日常生活のなかでも、「どうしようかな」と、どちらかに決めなければならないことがたくさんあります。イエスも、重大な決断をなさる前には、人里離れた所で長い時間祈られました。人間的な言葉で言えば、お父さんに相談なさったのでしょう。私たちは、周囲の人を無視して、自我や利己心で物事を決めてしまう、つまり、神のみ旨を見失った決定になりがちです。祈りのなかで、父のみ旨に従おうとすれば、聖霊が私たちを導いてくださるのです。

私たち弱い人間は、ついつい御心にそむいてしまいます。「こうしなければいけない」と思っても実行しない。言葉で人を傷つけたり、表面に出さなくてもつまらぬ思いに満たされたり、御心にそむくことが多いのです。先ほどのファリサイ派の人のように、私は正しい人間だ、と父の前に胸を張ることができるでしょうか。祈りのなかにありのままの自分を見なければなりません。そのとき、徴税人のように「罪びとのわたしをあわれんでください」としか言えないとしても、実は、そこから私たちは向上していくのです。

イエスは、「絶えず祈れ」（ルカ18・1参照）と言います。これは何もしないで一日中祈れということではありません。しかし、どんなに忙しく仕事をしていようと、余暇を楽しむ時間であろうと、父と私のつながりは切れないのですから、手を合わせなくても言葉に出さなくても、「父よ」と心のなかで呼びかけることはできるのです。

私たちに、父を教え、み旨を示したのは、イエス・キリストです。そのキリストは、いま父と共にいます。私たちが手を合わせるとき、キリストをとおして、愛である父に祈るのです。それは、喜びのときも、悲しみのときも、病むときも、死を迎えるときさえも祈ることはできるのです。祈りは、私たちがどんなことに出会っても、ゆるぎなく生きるための、いのちの泉のようなものです。たえず祈る、それは今あなたにとってはむずかしいかもしれませんが、ぜひ、目覚めたとき、父に呼びかけ、眠りにつく前のひととき、父に感謝のひとことを語るようにして、祈りの習慣をつけていただきたいと思います。

Q キリスト教は酒もたばこも禁じられているなど、規制が多くて堅苦しい感じがしますが……。

A カトリック教会では、酒もたばこも禁じておりません。日常生活に差し支えのない限り、そして健康を害しない限りは、ということです。

教会にも、昔から断食などいろいろなしきたりがありました。断食といっても、一食は十分に食べ、他の二食は半分にするわけです。特に、復活祭のまえの四十日間の断食は、相当に厳しく守られました。日本でも切支丹追害の時代に、たくさんの信徒が長崎のあたりに隠れていましたが、何も知らない周りの村の人たちが、ちょうど春になる前に、切支丹の人たちが異様にやせ細るのを見て、不思議に思ったそうです。昔はみな、それほど断食をしたわけです。

しかし、現代ではこういう断食などの取り決めが、別の形に変わってきました。食事などの面で取り決めを厳しくするよりも、もっと深い、心の問題として生きよう、と思い始めたのです。

もう一つの、キリスト教には規制が多くて堅苦しく感じられる点については、次のようなことも考えてみる必要があると思います。

国語辞典によれば、堅苦しいとは「打ちとけず儀式ばる、しかつめらしい」とあります。しかつめらしいとは「普通と違って、態度、顔つきがまじめくさって、緊張した様子」のことだそうです。たしかにキリスト信者のなかにも、堅苦しい人がおられます。

とは言え、キリスト教でない人のなかにも、堅苦しいタイプの人が、同じくらいおられるのではありませんか。キリスト教だから、規制があるから、それで堅苦しいとはいえないと思うのです。部厚い六法全書に従って、それをみな守らないといけない日本人や、それを守らせようとする日本の国が、堅苦しいとはいえないでしょう。常識的な規制のあることと、堅苦しいこととは別です。

また、規制や取り決めを、ただ、文字どおり几帳面に守りさえすればよい、とはいえません。その規制が決められた元の心、これを守ることこそ大切なのです。そんな規制は守らなくてもよい、というのではなく、しかし、その規制さえ守れば、それで済む、というものでもありません。

1979年11月末、そんなわたしに、突然失明のおそれのある病いが襲いかかった。左眼の網膜はくりだった。手術を受け、14日間両眼を被われて闇の世界にいたとき、幼い日に暗唱した詩編第23編が、目のおくにイメージとしてよみがえった。砂漠にかすかに光があり、死の影の谷にシャレコウベがころがって見えた。「あ、まだ完全に失明していない。わたしは内なる光を与えられていたのだった」と、わたしは安らぎを覚えた。あるとき森有正のバッハのテープを、あるときは、ルカ伝や使徒言行録のテープを聞いていた。沈黙の世界が恐ろしくて。と、バルナバの殉教を語るテープの声に、女性の声がダブって聞こえた。それは40年以上も前、日曜学校でその聖書を読んでくださっためぐみ教会の岩村安子先生の声ではないかと思えた。

人間の側が自ら、神を、教会を捨てた……と思い上り、そのあげくに、苦境に立って悩んでいるとき、まったく忘れていた幼い日の日曜学校の先生の声として、信仰へのよびかけが与えられたのである。

1984年のイースターに、わたしはめぐみ教会へ転会を許され、今も月に２回は礼拝に出席している。まさに「放蕩むすめの帰還」だと思う。1979年の眼の病いは、わたしへの警告とお招きのしるしだった。視力の回復以上に、教会へ復帰させて頂けたことを、ありがたく感謝している。

（カトリック通信講座『キリスト教とは』1987年より転載）

キリスト教とわたし――9

放蕩むすめ

いぬいとみこ

児童文学者

神さまがこちらをかえりみてくださるとき、どんなに弱い人間でも、内なる光を与えられていることに気づかされる。

幼い日から幼稚園で賛美歌を歌い、日曜学校にも休まず通いつづけたわたしなのに、少女時代、神さまを信じることができなかった。

1940年、信州の野尻湖のメソジスト・キャンプに参加した。生まれて初めて自宅を離れ、湖を見おろしながら聖書を学び、夜には、まっくらな林の上に星たちがまぶしかった。その星が、粗末な小屋のランプのように輝いて見え、「ああ、神さまは私たちのなかにも光を点してくださっているのだ」と、心から感じることができた。闇をおそれて灯りなしに眠ることのできなかったわたしが、17歳で初めて闇の中で安らかに眠った。一人娘で自己と対決することのなかったわたしに、恵みのときがきたのだ。

41年のクリスマスに、わたしはプロテスタントの教会で受洗した。その後、保母となり、キリスト教の幼稚園で44年のクリスマスには、園児たちとキリストの聖誕を祝う劇をすることができた。しかし、戦後、編集者・作家の生活を続けるうち、わたしは教会員であることを捨ててしまった。神さまを否定することはできなかったが。

第11講　キリストの望まれた共同体

社《やしろ》と教会堂

かつて農業は天候まかせでした。そのため、人間の力を超える存在、人間の目に見えない力に頼る以外になかったのでしょう。その見えない存在が宿《やど》っているのは、大きな岩とか木、あるいは山と考えたようで、人々はその近くに小屋のようなものを造り、そこに集まって心を合わせて祈り願っていたと考えられます。その小屋がのちに「社」と呼ばれるようになるのですが、私たちが何気なしに使っている「社会」という言葉は、もともと「社」という聖なる場所を中心に、人々が「会」をする、集まることからきているといわれています。このようにして、集落の共同体全員を結びつける中心は、「カミ」を祭る社でした。五月ごろの稲作のはじめ、十月ごろの収穫の終わったころ、全員が社に集まって祈願したり感謝したりして、男たちは酒をくみかわしたかもしれません。女・子どもたちは声を合わせて歌い踊ったことでしょう。

その楽しいなごやかな交わりの中心が社であり、今の祭りの始まりだと考えられます。農耕のために集まった小さな共同体が次第に大きくなっても、その中心は神であり社であったことは、以後長く日本の風土に定着していきます。

世界のあちらこちらで、小さな村でも町でも、そのまん中に大きな教会が家々を見下ろすようにそびえ建っているところがあります。これは、村や町ができてからその中心に教会を建てたのではなく、反対に、まず教会を建設してからそのまわりに村や町が発展していったのです。人々がある土地に移住しようと思ったら、まず、皆で協力してその中心地に自分たちの教会堂を建てるのです。男はもちろん、女・子どもに至るまで、それぞれのできる範囲で喜んで働いたといいます。そして、教会堂を中心に、自分たちの生活にふさわしい家を建てていきます。高くそびえる教会堂から見ると、それらは小さな家だったでしょうが、それは、親鳥のふところに抱かれるひな鳥のようにむらがって建っていたことでしょう。

教会堂のなかは、内陣といわれる聖なる場所と、外陣という人々の自由に出入りできる場所とに区切られていました。その外陣は、住民の祈りの場であると同時に、集会場、子どもたちへの教育の場ともなり、あるいは住民の憩いの場所でもあったようです。つまり日本の社のように、教会堂はその集落の人々を結びつける集まりの場、共同体の中心だったのです。

キリストの望まれた共同体

イエス・キリストは、私たちが、父なる神との交わりにおいて、個人的なものではなく、父を中心とした、共同体を作ることを求めました。当時エルサレムには、中心となる神殿があり、各地方の小さな村々には会堂がありました。それは唯一の神を中心に集まる場でもあったのです。そこでは聖書（旧約）が読まれ、祈りをするのですが、律法を教える場でもあったのです。イエスはそうしたものではなく、福音を中心とした共同体を望んだのです。

イエスが弟子のなかから十二人の使徒を選んだのも、そこにイエスを中心とする共同体の基礎を築こうとしたからです。その使徒のリーダーとしてのペトロ（岩という意味）の名前にかけて、「わたしはこの岩の上にわたしの教会を建てる」（マタイ16・18）と言ったのも、ゆるぎない岩のような土台の上に、ご自分の共同体ができることを望んでいたのです。といっても、イエスは自分が活躍していたころ、教会という建物を建てたのではありません。イエスは「人の子（イエス）には枕《まくら》する所もない」（マタイ8・20）と言ったほど、各地を巡って福音を伝えていたのです。信者の共同体としての教会の組織ができたのは、聖霊降臨の日を出発点としますこ（167頁参照）。使徒言行録には、最初のころの共同体の姿が書き残されています。

彼らは、使徒の教え、相互の交わり、パンを裂くこと、祈ることに熱心であった。……信者たちは皆一つになって、すべての物を共有にし、財産や持ち物を売り、おのおのの必要に応じて、皆がそれを分け合った。そして、毎日ひたすら心を一つにして神殿に参り、家ごとに集まってパンを裂き、喜びと真心をもって一緒に食事をし、神を賛美していたので、民衆全体から好意を寄せられた。こうして、主は救われる人々を日々仲間に加え一つにされたのである（使徒2・42－47）。

「財産や持ち物」を売ってしまったり、「すべての物を共有」したりすることは、なかなか難しいことかもしれません。しかし、今もその精神は生きており「教え」「相互の交わり」「祈り」なども、現在の教会にそのまま受け継がれています。また、二度も出てくる「パンを裂くこと（ミサの原型）は、重要なことですから、このことについてはあとの講でお話しいたします。

ここには、「皆一つになって」「心を一つにして」と、一つという言葉も二度出てきますが、これはイエスの望んだ共同体の姿でした。最後の晩さんのときの、イエスの祈りとしてまとめられたヨハネ福音書17章を読みますと、「すべての人を一つにしてください。……わたしたちが一つであるように、彼らも一つになるためです。わたしが彼らの内におり、あなたがわたしの内におられるのは、彼らが完全に一つになるためです」（ヨハネ17・21－23）とあります。父なる神・キリストを心から信じ、使徒たちの教えを守り、一つの心となって祈り、一つのパンを分けて食べる共同体を、イエスは切に望んでいたのです。

初代教会の人々が、相互の兄弟的交わりを具体的に表すために、「財産や持ち物を売り」「分け合った」のは、そこに金持ちも貧乏人もまったく差別のない、平等な共同体を作ろうとしたからです。この共同体の姿を見た人々が、自分たちもあの美しい集団に入りたいと思ったのは当然でしょう。「民衆全体から好意を寄せられ」るのが教会の姿であり、現在もそうであらねばならないのです。

たとえ、キリストを信じ、福音を学び、祈りをしていても、教会に属さないで、個人的にキリスト信者であるという人がいたとしても、それはキリストの望みではありません。信じる仲間は、初代教会のときのように、「相互の交わり」のなかで、分かちあい、助け合いながら、お互いの信じる心を強めていくのです。聖書には次のような話があります。


ある日のこと、イエスが弟子たちと一緒に舟に乗り、「湖の向こう岸に渡ろう」と言われたので、船出した。渡って行くうちに、イエスは眠ってしまわれた。突風が湖に吹き降ろして来て、彼らは水をかぶり、危なくなった。弟子たちは近寄ってイエスを起こし、「先生、先生、おぼれそうです」と言った。イエスが起き上がって、風と荒波とをお叱りになると、静まって凪《なぎ》になった。イエスは、「あなたがたの信仰はどこにあるのか」と言われた（ルカ8・22－25）。

これは一つの奇跡の話のようですが、教会の姿を表しているのです。この舟にたとえられている教会は、迫害のあらしにあったり、また、教会内外からのいろいろな攻撃を受けて、沈みそうになったりすることもあります。まるで、イエスが眠っているように感じられ、〝私たちがおぼれ死んでもかまわないのですか〟と言いたくなるようなときにも、イエスが私たちと共に航海していることを信じて、希望と信頼を持って生きていかなければなりません。このときの弟子たちも、舟が危険になると、うろたえあわてて、「先生、先生」助けてくださいと叫びました。教会は、長い歴史のなかでさまざまな困難に会い、迫害も受けました。そのとき信者たちは心を一つにして祈ったのです。「おぼれそうです」と、しばしば祈ったと思うのですが、その都度、教会という舟を導いてくださったのは、キリストであり聖霊であったのです。だからこそ困難に出会えば出会うたびに、迫害を受ければ受けるたびに、信仰はくじけるどころか強くなっていったのです。困難に出会ったとき、舟が沈みそうになったとき、人々は自分だけ助かりたいと祈ったのではありません。「私たち」は「私」ではありません。私たちは共同体として生きなければならないのです。

聖書には、エルサレムの神殿の境内《けいだい》で、商売をしている人たちをイエスが追い出したという話が出ています。そのときイエスは、旧約聖書の一節を引用されて「わたしの家は、すべての国の人の祈りの家と呼ばれるべきである」（マルコ11・17）と言いました。「祈りの家」、それはのちに形作られる教会にあてはまります。

「教会」という言葉には、三つの意味が含まれています。第一に、地域の信者の共同体をいいます。第二には、全世界の信者の共同体をいい、全教会を指しています。第三には、教会堂すなわち建物をいうこともあります。

教会堂に入って個人的な祈りはもちろんできますが、そこに集まった人々が心を一つにして祈るのが教会の一つの姿です。イエスは言います。

はっきり言っておくが、どんな願い事であれ、あなたがたのうち二人が地上で心を一つにして求めるなら、わたしの天の父はそれをかなえてくださる（マタイ18・19）。

ここにも「心を一つにして」という言葉が出てきますが、いくら二人の人が並んで熱心に祈っているように見えても、一人は自分の商売繁盛《はんじょう》を、一人は自分の子どもの入学を願っているのでは、心を一つとはいえません。お正月の初詣《はつもうで》には、毎年何千万人もの人が出かけます。けれどもそこでの願いは、おそらく何千万それぞれの願いだと思います。しかしキリストの教会で、心を一つにして祈る習慣は既に初代教会のときから見られるのです。

以前の講で、イエスが昇天されたのち、それを見送った弟子たちが、イエスの母マリア、その他の婦人たちと共に「心を合わせて熱心に祈っていた」ことを、使徒言行録から引用しました。その十日後に聖霊降臨があるのですが、その十日間の共同体としての祈りは、弟子たちにとっておそらく初めての経験だったと思うのです。イエスと共にいたころ、弟子たちのなかでだれがいちばん偉いだろうと議論したり、使徒の一人であったユダが裏切ったり、イエスが敵の手に渡るとあわてふためいてばらばらに逃げ散ったり、復活されたと聞いてもたわごとだと信じなかった弟子たちですが、この十日間の祈り合いによって、そこに強い愛の絆《きずな》が結ばれていったにちがいありません。お互いに肉親と同じような兄弟姉妹の結びつきが芽生えたと思うのです。聖書には、「百二十人ほどの人々が一つになっていた」（使徒1・15）と記されている弟子たちの十日間の祈りの共同体。その共同体が発展し、より多くの人の愛の輪が大きくなりました。そして全世界に広まっていったのです。

教会の不思議な発展

キリスト教会は、初めから激しい迫害を受けていました。キリスト信者だと知れると、女・子どもの区別なく殺されるという時代もあったのです。もちろん堂々とした教会堂があるはずもなく、地下にある墓所（カタコンベ）や、めだたない信者の家などで、こっそりと集まりを持っていたのです。それなのに、非常に不思議なことは、信者の数がどんどん増えていったということです。それも、「仲間にしてください」「はいどうぞ」という簡単なことで、そのグループに入れるのではありませんでした。まず、しっかりした信者の紹介が必要でしたし、また、ある期間その人がグループにふさわしい人かどうか、その日常生活が見られます。この人ならと思われてからキリストの福音を教えられ、年一回の復活祭前夜からの徹夜祭に洗礼を受けて、そこで初めて正式の信者になったのです。従って、信者のグループに加えてもらうためには、かなりの期間を必要としました。それにもかかわらず、ローマを中心とする各地で、非常な勢《いきお》いで信者が増加していったのです。

日本でも同じことがいえます。一五四九年、東洋の使徒といわれるフランシスコ・ザビエルが、たいへんな苦労のすえ鹿児島にたどりつき、わが国に初めて福音の種をまきました。それから約五十年の間に、五十万人近いキリシタンと呼ばれる信者が生まれました。しかし、やがてキリシタンは弾圧され、多くの信者が教えを棄《す》てないで殉教することになるのですが、その間にも信者は増えていったのです。厳しい禁止令と迫害で、日本のキリシタンは表面的には完全に消えたと思われたのに、実は、その教えを二百年以上もひそかに守り続けた多くの人が、幕末に長崎を中心に名のり出て、世界中の人々を驚かせたのです。

厳しい迫害にもかかわらず、どうして信者が増えていったのでしょうか、原因はいろいろ考えられると思いますが、キリスト教が説く神は、唯一の神であり、宇宙万物の創造主であり、愛そのものの父であるという教えに、今まで聞いたことのない真実の神を知ったことにもあったでしょう。そして教会は、この地上における神の国のかたどりであり、そこに集まる人々は皆、大名も農民も差別のない、平等の共同体であったのです。それは、当時の人々が経験したことのない美しいグループであり、その一員に加えてもらうためには、どんな迫害も恐れないほど強い願いになったのかもしれません。

新しく生きる

その神の国に入るのにはどうすればよいのか、イエスは次のように言います。

はっきり言っておく。だれでも水と霊とによって生まれなければ、神の国に入ることはできない（ヨハネ3・5）。

また、このようにも言っています。

だから、あなたがたは行って、すべての民をわたしの弟子にしなさい。彼らに父と子と聖霊の名によって洗礼を授け、あなたがたに命じておいたことをすべて守るように教えなさい。わたしは世の終わりまで、いつもあなたがたと共にいる（マタイ28・19－20）。

この言葉でわかるように、神の国、そのかたどりとしての教会に入るには、「水と霊とによって生まれ」、「父と子と聖霊の名」による洗礼が必要であり、これは教会発足のその日から現在まで、厳重に守られているのです。

洗礼は、教会（カトリック・正教会・プロテスタント）によって形式は異なるでしょうが、本質は同じです。ローマ（バチカン）を中心とするカトリック教会では、入門―志願―洗礼という順序をとっています。これは初代教会からの伝統を継いでいるのです。現在では、教会の教えを学び始めたときが入門と考えて、その意志を表明する入門式が行われています。洗礼を受けようと望まれたときが志願期で、復活祭前の四十日間は、教会全員が心を合わせて、志願者の上に聖霊の豊かな導きを祈り、志願者も心の準備をするのです。そして原則的には、復活祭の前夜に洗礼式が行われます。その式の詳しい説明は省《はぶ》きますが、その中心は、聖書の言葉どおり、「父と子と聖霊のみ名」によって、ひたいに水がそそがれます。その水は司祭によって祝別された水ではありますが、拭《ふ》いてしまえばすぐに消えてしまいます。表面的にはそうですが、実はその水こそ、私たちの心・魂に永遠に消えることのないしるしとなるのです。イエスが、「わたしが与える水はその人の内で泉となり、永遠の命に至る水がわき出る」（ヨハネ4・14）と言った水です。またその水は、そのそそがれた瞬間から、古い人を「新しい人」とする水であって、パウロは次のように言っています。

洗礼を受けたわたしたちが皆、またその死にあずかるために洗礼を受けたことを。わたしたちは洗礼によってキリストと共に葬《ほうむ》られ、その死にあずかるものとなりました。それは、キリストが御父の栄光によって死者の中から復活させられたように、わたしたちも新しい命に生きるためなのです（ローマ６・３－４）。

パウロの時代の洗礼は、全身を水のなかに浸《ひた》してしまうことによって、過去の罪に死ぬことを意味し、水から上がって白い衣をまとうことによって、死からよみがえり新しい人となることを象徴していたのです。洗礼を受けた人は、新しく生まれた人間として、キリストと一致し、永遠のいのちの道を歩むことになるのです。

洗礼は一生に一度しか受けられません。ですから、洗礼は人生にとって重要な意義を持つ「時」なのです。重い病人は別として、一般成人は一応教会でキリストの教えを学び、福音とは何かを知っていただきます。教会は、人をつかまえて無理やりに洗礼を授けるようなことは決してしません。また、罰《ばち》が当たるなどと、おどしをかけることも決してしません。その人その人が自分から求めて教えを学び、自分をかえりみ、自分の生き方をどうすればより善い人生に変えられるかを、福音に照らして考えていくのです。そして、各人の自由意志で洗礼を受けることになります。

洗礼を受けるということは、「回心」する、すなわち父なる神に心を向け直すことなのです。

たくさん勉強して、頭で何もかもよくわかってからとか、また、自分の意志や決心によるものだけではありません。何よりも、神の恵みによるのです。父なる神が私を招いてくださらなければそれに応《こた》えることもあり得ないのです。父なる神が招いていてくださることを、身をもって悟ったとき、父の愛につつまれて尊い一日一日を生きている、いや生かされている自分を発見するでしょう。

パウロは確信を持って、「生きているのは、もはやわたしではありません。キリストがわたしの内に生きておられる」（ガラテヤ2・20）と宣言しています。そこまでの確信を持たせてくださるのも、私たちの目を開かせてくださるのも、実は私たちの内にとどまっておられる聖霊の働きによるのです。また、こうしたことが頭でなく身についていくのは、同じキリストに生かされ、同じ聖霊に導かれている兄弟姉妹の共同体のなかにあってこそ、成長していくのです。

洗礼を受けて新しい人になっても、だれもがその信仰の道を歩み続けるとはいえません。洗礼を受けた感激も、いつか薄れていく人もあるでしょう。せっかく洗礼を受けても、この世の生活を続ける私たちは、とかくそのなかで流されがちです。次のような話があります。

一行が道を進んで行くと、イエスに対して、「あなたがおいでになる所なら、どこへでも従って参ります」と言う人がいた。イエスは言われた。「狐には穴があり、空の鳥には巣がある。だが、人の子には枕《まくら》する所もない」。……また、別の人も言った。「主よ、あなたに従います。しかし、まず家族にいとまごいに行かせてください」。イエスはその人に、「鋤《すき》に手をかけてから後ろを顧《かえり》みる者は、神の国にふさわしくない」と言われた（ルカ9・57－62）。

この話に出てくる先の人は、おそらくイエスの福音に感激して、ぜひ一緒にと願ったのでしょうが、イエスは、現実は一時的な感情だけではついてこれないほど厳しいですよ、と言われているように思われます。次の人は、「後ろを顧みる」、つまり新しい人生を歩むはずなのに、いつも過去ばかりふり向いてはならない、と諭《さと》しているようです。

父なる神・キリストを信じ、福音に生きることを決心し、回心して洗礼を受けて、愛の共同体に入ったとしても、自分が愛されることだけを思ってはならないのです。キリストの「愛しなさい」も、まず、共同体のなかで身につけていくのです。そして、教会のなかだけではなく、外にいるすべての人にも愛の手を差しのべることを忘れてはなりません。あるときは時間や労力を犠牲にしなければならないこともあるでしょう。それでこそ、教会は愛を証《あか》しする美しい共同体であり、「民衆全体から好意を寄せられ」て、大きく広がっていくのです。

Q カトリックは離婚を認めないそうですが、なぜですか。

A カトリック教会で離婚という場合、夫婦がどちらもカトリック信者であり、教会で正式に結婚した人同士が、お互いの結婚生活を解消して、もう一度だれか別の人と結婚することをいいます。お互いの結婚生活を解消するだけなら、厳密には、教会ではこれを別居と呼ぶだけで、まだ離婚ではないのです。

　教会が離婚を認めないというのは、無効な結婚でないかぎり、第三者との新しい結婚を認めないことを意味します。従って「どうして離婚を認めないか」というご質問は、「なぜ別の人との新しい結婚を認めないのか」という質問になるわけです。

　人は、どれほど好きあって結婚する場合でも、なかなか相手をありのままに見て、ありのままに受けとることができません。お互いの思い込みや理想、異性に引かれる気持ちなどが非常に強いからです。それが一度冷《さ》めてしまえば幻滅し、「こんなはずじゃなかった、別のあの人の方がまし」という気持ちになることも、少なくありません。

それでも教会は二人がカトリック信者で有効な結婚である場合、死別以外には、別の人との結婚を認めません。その理由は聖書にあります。

（イエスは言われた）人は父母を離れてその妻と結ばれ、二人は一体となる。だから二人はもはや別々ではなく、一体である。従って、神が結び合わせてくださったものを、人は離してはならない（マルコ10・7－9）。

妻は夫と別れてはいけない。……既に別れてしまったのなら、再婚せずにいるか、夫のもとに帰りなさい。――また、夫は妻を離縁してはいけない（一コリント7・10－11）。

ここに、人が結婚するということの根本的な意味についてが示されています。詳しくは、カトリック通信講座『幸せな結婚』のテキストをご参照ください。

けました。

人は毎日いろいろな苦労に出会います。わたしは神父さまに聞きました。「わたしは幸せになりたいのです。どうしたらよいでしょうか」「敵をゆるすことです」。そのときは、そんなことが……と思いましたが、すべてをゆるし、自分を神のみ旨に委ねることで、心の平安が得られたような気持ちになりました。あくせくと考えながら歩く人生、どちらが金持ちか、どの会社が信用があるか、だれが出世しそうか、刹那的な利益を求めて歩きまわる人生。他方では、絶対的な唯一真実の神を信じて生きる喜びの人生。

翌年の秋、洗礼を受けたときの震えるような感激は忘れることができません。わたしは、心の余裕、心の強さ、心のやさしさ、心の安らぎ、信念、気高い信仰心、そのようなものを得たのです。あれ以来わたしは、失敗の多い人生のなかで、戦った相手への思いやり、正々堂々としたリカバリー、生きていく意味を教えてくださったキリストとの出会いを、皆さまもぜひ体験して欲しいと思わずにはいられません。

そして、洗礼を受けてから三十数年の歳月が流れました。その間、小教区や東京教区でいろいろな仕事をしました。やればやるほど、カトリック教会の素晴らしい面もそうとは言いにくい面も分かるようになりましたが、初心を忘れずに、すべての信者が協力し合い、同じ丸いテーブルを囲んで日本の心に融け込んでいけるようにと願っています。

キリスト教とわたし——10

生きていく意味

滝島恵一郎《たきしまけいいちろう》

実業家・映画製作者

わたしは、東京で生まれ、東京で育ち、成蹊、慶応からミシガン州立大大学院を卒業後、スイス銀行を経て大日産業（かつてはベンチャービジネスの星とさわがれたことがあります）を創立し、倒産させました。幸い、会社は会社更生法の適用を受けて順調に再建したのですが、わたしは一切の物質的財産を投げうって野に下り、浪人の身になりました。

それまでの、何か図に乗ったというか、周りからチヤホヤされて、いい気持ちになっていた生活から一変して、厳しくつらい毎日が続きました。「奢《おご》れる者久しからず、ただ春の夜の夢の如し」の平家物語の一節が、本当に実感となって胸にひびいてきました。栄枯盛衰《えいこせいすい》、毀誉褒貶《きよほうへん》、強きにつき勝ち方に味方する。わたしは、生まれてからそれまで順調であっただけに、大きな挫折感にとらわれてしまいました。もしわたしがあのとき、デュポン神父さまにお会いしていなかったら、もしわたしが神を知ることがなかったら、わたしはどうなっていたかわかりません。

赤堤教会のデュポン神父さまに要理や聖歌を教えていただきました。仕事が終わってから夜の教会の一室で、男が二人だけで伴奏もなしに聖歌を歌うのは、ちょっと抵抗がありましたが、二、三回すると、神父さまの温かい真摯な態度にある感銘を受

第12講　日々に新たに

弱い私

わが国も第二次大戦を境として、その前と後では世の中の姿が大きく変わりました。前講で話しました「社《やしろ》」を中心に、強い結びつきのあった村の組織が崩れ、多くの人々が都会に移り、村に残るのは老人だけという、いわゆる過疎の状態になってしまいました。その反面、都会、特に大都会は人・人・人。それらの人が横のつながりの薄れた渦巻きとなっていきました。そのなかでさまざまな社会悪、悪質な犯罪も増加して、暗い一面をのぞかせています。そこには「社に集まる」社会ではなく、「都に集まる」人間だけの都会の姿があるのです。中心となる聖なるものを失ったからだといえば、宗教家の説教といわれそうですが、でも、今の社会はたしかに「社」を失い、人間同士の温かい心の交わりが薄れているといえるでしょう。

更に、急速な科学の進歩、それは結構なことではありますが、そこに人間性が置き忘れられていないだろうかという声も出ています。だから、失われていく人間性を取り戻そう、生きることの意義を考えてみよう、というような気持ちから、年老いた人だけではなく、若い人の間にも、宗教が見なおされてきていることは確かです。ただし、行き過ぎた科学の進歩に背を向けるにしても、霊のたたりとか、占いとか、誤った神秘性など、まるで平安時代にでも逆戻りしたような宗教団体が横行するのは、いかがなものでしょうか。

さて、前講で愛の共同体としての教会の話をしましたが、現代ではその共同体が非常に大きくなったために、初代教会とは大きく変わってきて、多種多様な人々が集まるようになりました。唯一の父なる神に結ばれた同じ神の民、また一つの心になって祈るとはいっても、大切な相互の兄弟的交わり、温かい心の結びつきが薄れていくことが心配されます。

ある中年の婦人が洗礼を受けて信者の仲間入りをしました。ところが、日曜日に教会に行っても、あまりにも人が多くて、だれに話しかけてよいのかわからない、心細いと言われたことがありました。これは申し訳ないことで、都会の大きな教会はそうした悩みをかかえているといってよいでしょう。しかし、大きな教会にはいろいろな小さなグループがあります。たとえば、青年会・壮年会・婦人会・聖書研究会・社会問題研究会・日曜学校・聖歌隊・奉仕活動をするグループなど。そうした小さな福音的集団が、大きな教会という共同体のなかで、それぞれの活動をしています。そうしたグループに入って、お互いに助け合い、励まし合って、初代教会のような兄弟姉妹的結びつきを強めることが必要です。

キリストの教えに従って歩もうとする人々は、それぞれ自分の心にある思い、口に出る言葉、そして自分の行いについて、常に反省しています。イエスは、「口から出て来るものは、心から出て来る」（マタイ15・18）と言いますが、論語（孔子）は「子曰《しいわ》く、巧言令色《こうげんれいしょく》、すくなし仁《じん》」と言っています。これはつまり、口先がうまくて愛想だけがよく、真の愛の心が欠けているということですが、私たちは、ついついきれいな言葉が口から出てしまいがちです。しかし、「隠れているもので、あらわにならないものはない」（ルカ8・17参照）とイエスが言っているように、いつか人々から「あの人は口先ばかりで……」と言われかねないのです。

このように口では立派なことを言うけれど、それがまったく行動に表れないことが多いのではないでしょうか。パウロは「（わたしには）善をなそうという意志はありますが、それを実行できないからです。わたしは自分の望む善は行わず、望まない悪を行っている」（ローマ7・18－19）と言っています。

また、キング牧師というノーベル平和賞を受賞した、有名な米国公民権運動の指導者も、「人生の大きな悲劇の一つは、行うことと言うことの間の溝《みぞ》をめったに越えられないことだ。一方では誇らしげに荘厳で気高い信条を告白する。しかし他方で、われわれは、悲しいかな、これらの信条と正反対のことを実行するのだ。われわれの生活は、信念の高血圧と行為の貧血という症状を呈《てい》することがいかに多いことか」（M・L・キング著、蓮見博昭訳『汝の敵を愛せよ』新教出版社）と、実に私たちの耳に痛いことを言っています。そうなのです。心で思うこと、口で言うこと、そして行い、これが完全に一つになれば、聖人といわれてもよいでしょう。ところが私たちは、心でもよくないことを考え、口でも人を傷つける、行いは人まかせ、という至らない存在なのです。しかし、私たちは、そうしたさまざまな痛みを感じながら、目標に向かって歩いているのです。

痛みをおぼえる

他人を無視して、我がままいっぱいに生きていて、人に迷惑をかけていてもそれを悪いことと思わない、心に何の痛みも感じない。そのようなことが広まったら社会はどうなるでしょうか。

私たちはだれでも「良心」を持っています。その良心に照らしてものごとを判断してきたはずです。けれども最近では、一部の人かもしれませんが、その良心はどこにいったのかと考えさせられることがあります。キリスト信者は、福音を学ぶことによって、良心の声がよく聞こえるようになります。キリストの教えを一つひとつ身につけていくなら、福音に照らして自分の言動を改めるにちがいありません。といっても、常に福音のとおりに言動できるものでもありません。ついつい反対のことをしてしまうこともありましょう。そのとき、これはしかたがないのだ、私の性格だからなどと、まったく心に痛みを感じないならば、福音に生きるとはいえないのです。ああ、またつまらないことで失敗してしまった、と痛みを覚える、痛みを知るからこそ、謙虚な気持ちになり、自分が弱い者、小さい者であることを知るでしょう。

ところが、世間には、心の痛みが大きすぎて暗い人生を歩む人もいるのです。刑事問題ほどのことでなくても、しっとによる中傷、じめじめとしたいじめ、じょうだん半分で言ったことが、人の心を大きく傷つけることもあります。あとから気がついて、自分はなんということをしてしまったのだろうと良心の苦しみを覚える。心にささったとげのように、ふと思いだすと痛みだす、だけどこのことは、恥ずかしくてだれにも言えない、そういう人もあるでしょう。「いのちの電話」とか「悩みごと相談」のように、教会に電話してくる人も少なくありません。人間にとって人に話せない心の痛みを持ち続けて歩くことは、それも痛みが大きければ大きいほど、耐えがたいことなのです。聖書にはイエスの次のような言葉があります。

疲れた者、重荷を負う者は、だれでもわたしのもとに来なさい。休ませてあげよう。わたしは柔和で謙遜《けんそん》な者だから、わたしの軛《くびき》を負い、わたしに学びなさい。そうすれば、あなたがたは安らぎを得られる。わたしの軛は負いやすく、わたしの荷は軽いからである（マタイ11・28－30）。

ここでいわれる重荷は、いろいろと解釈できるでしょうが、自分の弱さ、性格からくる過ち、失敗、その痛みを強く感じている人も、重荷を負う人といえるでしょう。人生にとって、心に重荷を負って歩くことは進歩の妨げになります。ですから、一日も早くその重荷を下ろし、心の明るさを取り戻し、「魂は安らぎ」のなかを歩まなければなりません。どなたの言葉でしたか、「失敗しないことは立派である。失敗から立ち上がるのはさらに立派である」とあったのを思い出します。失敗は人間につきものです。その失敗からどうすれば早く立ち上がることができるかを学ばなければなりません。

あなたに対して罪を犯しました

以前、放蕩《ほうとう》息子のたとえ話を引用しましたが、そのなかで、どうにもならないどん底に落ちた息子が本心に返り、「お父さん、わたしは天に対しても、またお父さんに対しても罪を犯しました。もう、息子と呼ばれる資格はありません」（ルカ15・18－19）という言葉があったのを覚えていらっしゃるでしょうか。その息子は大きな罪を犯したのに、お父さんは大喜びで迎え入れたというお話でした。

仏教では、悟りを妨げるのは煩悩《ぼんのう》で、その数は百八とも八万四千あるともいわれます。新しい年を迎えるにあたって、寺院ではその煩悩を除くために、百八つの除夜の鐘が打たれるのですが、それを聞いて初詣《はつもうで》に行き、昨年以上に儲《もう》かりますように、だれだれさんを抜いて成績が上がりますようになどと欲ばかりでは、もう新しい年の煩悩を作っているのかもしれません。

東京の亀戸《かめいど》天満宮では、毎年一月に「うそ替え神事」が行われています。一年中のうそ、自分の犯した罪を、木で作られた「うそ」という鳥に封じこめ、新しいものと取り替えてもらう祭りで、ずいぶんな人出と聞きます。亀戸だけでなく、各地の天満宮でも行われている、なかなかユーモアのある祭りですが、日本の伝統行事のなかには、何か心のなかのもやもやをはき出したい、人間の基本的願いが秘められた行事が他にもまだあると思います。とは言え、万葉集に出てくる大伴旅人《おおとものたびと》の歌のように、「験《しるし》なき物を思はずは一坏《ひとつき》の濁《にご》れる酒を飲むべくあるらし」（巻三・三三九）と、くよくよせずにまあ一杯と、酒にまぎらすのはどんなものでしょうか。

イエスは、福音宣教をしている間に、「あなたの罪は赦される」（マタイ9・2）と言われ、神殿側の人たちの怒りをかいました。当時は、神殿に「いけにえの小羊」をささげ、定められた手順をふんで、神のゆるしが得られるとされていました。それが、ナザレのイエスという人間の口から、ゆるしの言葉が出たのですから、形式ばかりにとらわれている人たちにとってゆるせないことでした。

しかし、イエスにとって、世間から除《の》け者にされて暗い道を歩いている罪びとといわれる人々に、光を与えようとしたことは、神の愛を表す大きな使命でした。イエスはまた、「わたしが来たのは、正しい人を招くためではなく、罪人を招くためである」（マタイ9・13）と言いました。罪びとといわれ、心の痛みを重荷としている人々が、心から悔い改めるならば、イエスは、その場でゆるし、「魂の安らぎ」を与えたのです。放蕩息子が悔い改めたとき、その父は大喜びで迎えます。これと同じように、一人の人間の悔い改めは、父なる神・キリストにとって大きな喜びがある、と次のように話しておられます。

あなたがたの中に、百匹の羊を持っている人がいて、その一匹を見失ったとすれば、九十九匹を野原に残して、見失った一匹を見つけ出すまで捜《さが》し回らないだろうか。そして、見つけたら、喜んでその羊を担いで、家に帰り、友達や近所の人々を呼び集めて、「見失った羊を見つけたので、一緒に喜んでください」と言うであろう。言っておくが、このように、悔い改める一人の罪人については、悔い改める必要のない九十九人の正しい人についてよりも大きな喜びが天にある（ルカ15・4－7）。

イエスは別のところで、「人の子（わ

たし・イエス）は、失われたものを捜《さが》して救うために来たのである」（ルカ19・10）と言いました。イエスは、罪のなかに沈んでいる人を一生懸命に捜して、そして、人が立ち直るように招いているのです。

復活されたキリストは、弟子たちに次のように言いました。

聖霊を受けなさい。だれの罪でも、あなたがたが赦せば、その罪は赦される。だれの罪でも、あなたがたが赦さなければ、赦されないまま残る（ヨハネ20・22−23）。

これは、弟子たちに、暗い道を歩いている人を、明るい道に立ち戻らせるように、自分に代わって罪をゆるす権能を与えられたことを意味しています。カトリック教会では、洗礼を受けた信者は司祭に罪の告白をすることができます。司祭はキリストに代わって罪のゆるしを宣言します。これを「ゆるしの秘跡《ひせき》」といいます。これは、強制的に白状しろと告白させるのではありません。その人その人が、自分の言動をよく思いめぐらし、そのなかに父なる神のみ旨（神の意志）に反することがあれば、告白してゆるしを願うのです。ただし、その反することを心から悔いることが必要です。自分のしたことはそう悪いことでもなく、心も痛まないけれど、まあ口だけであやまっておこう、ではないのです。

よく反省してみると、私の思いのなかに、言葉のなかに、行いのなかに、善《よ》くないことがなかったか、思い当たることは多いものです。要するに、罪とは、自己中心で、愛に背《そむ》くことです。もし私が、「クリスチャンのくせに」と言われたとすれば、それは、私のことだけではなく、共同体のすべての人の名誉を傷つけることになります。告白してゆるしを得る、それは父なる神と和解すると同時に、共同体とも和解することになるのです。

ある人が、キリストの教えを学びに通われていたとき、「私は洗礼を受けて信者になりたいと思います。その一つの目的は、罪のゆるしをいただけるからです」と言われたことがあります。罪を告白して、ゆるしをいただくことは、ほんとうに素晴らしいことです。どんなに恥ずかしい失敗でも、人に言いにくいことでも、キリストの代理者である司祭に話ができるからです。司祭は聞いたことを絶対に外部にもらしません。それは二千年の間、厳重に守り続けられてきましたから、安心して打ち明けてよいのです。ゆるしを得るということは、心にささったとげを取り除き、重荷を下ろして、洗礼を受けたときと同じように、また新しい人となって前進することです。

日々に新たに

人生において、もっとも華やかなときは、お互いの愛によって結ばれる結婚式でしょう。ところが最近は、華やかな式を挙げても、しばらくすると別れてしまう。生涯の間に何度も結婚式を挙げる人も珍しくないようです。しかし、キリストの教えによれば、それはゆるされません。「神が結び合わせてくださったものを、人は離してはならない」（マタイ19・6）と言っておられるからです。教会で結婚式を挙げるとき、新郎新婦は、「生涯互いに愛と忠実を尽くすことを誓います」と、神の前で誓約をかわします。それが言葉だけで終わってはならないのです。

結婚は、新しい人生への船出、といえば月並な言葉のようですが、それは重い意味を持っているのです。新婚の楽しさは、やがて互いの不平・不満に変わってゆきがちです。それを乗り越え乗り越えて、夫婦の絆《きずな》が強くなっていきます。それは口で言うほど簡単なことではありません。お互いに、人間の至らなさや欠点が顔を出してくるからです。小説『ひつじが丘』を書かれた三浦綾子さんは、そのなかの登場人物に、次のように言わせています。「人間は過ちを犯さずに生きていけない存在なんだよ。神ではないのだからね。同じ屋根の下に暮すということは、ゆるし合って生きていくということなんだ」と。

先ほど、ゆるし合うことについて話しましたが、それは教会のなかだけのことではなく、私たちの身辺、特に家庭のなかでも生かさなければなりません。キリスト信者のすべてが唱える「主の祈り」のなかに、「わたしたちの負い目を赦してください、わたしたちも自分に負い目のある人を赦しましたように」（マタイ6・12）とあります。もしも、だれかがわたしを傷つけたのに、あやまらなかったとしても、その人がそのことで気を滅入《めい》らせているならば、「いいからいいから、失敗はだれにもあることだから、くよくよしないでがんばって」と言えるほどの、大きな気持ちを持つことができたら、どれほど私たちの周囲は明るくなることでしょう。

聖書には、次のような感動的な話があります。

イエスはオリーブ山へ行かれた。朝早く、再び神殿の境内《けいだい》に入られると、民衆が皆、御自分のところにやって来たので、座って教え始められた。そこへ、律法学者たちやファリサイ派の人々が、姦通の現場で捕らえられた女を連れて来て、真ん中に立たせ、イエスに言った。「先生、この女は姦通をしているときに捕まりました。こういう女は石で打ち殺せと、モーセは律法の中で命じています。ところで、あなたはどうお考えになりますか」。イエスを試して、訴える口実を得るために、こう言ったのである。イエスはかがみ込み、指で地面に何か書き始められた。しかし、彼らがしつこく問い続けるので、イエスは身を起こして言われた。「あなたたちの中で罪を犯したことのない者が、まず、この女に石を投げなさい」。そしてまた、身をかがめて地面に書き続けられた。これを聞いた者は、年長者から始まって、一人また一人と、立ち去ってしまい、イエスひとりと、真ん中にいた女が残った。イエスは、身を起こして言われた。「婦人よ、あの人たちはどこにいるのか。だれもあなたを罪に定めなかったのか」。女が、「主よ、だれも」と言うと、イエスは言われた。「わたしもあなたを罪に定めない。行きなさい。これからは、もう罪を犯してはならない」（ヨハネ8・1－11）。

律法学者とかファリサイ派という神殿側の人たちにとって、この事件はイエスを試みる絶好の機会であったのです。イエスが、モーセの律法を守るべきだと言ったら、石殺しに加担することになり、「罪の赦し」とか「愛しなさい」は言葉だけになってしまうわけです。反対に、ゆるしてやりなさいと言えば、それは当時の律法を破りなさいということになるわけです。どちらにしても、イエスを攻撃できるはずでした。ところが、イエスの無言の態度は、集まった人々の意表をつくものでした。

最初のうちはイエスが返事に困っていると思ったかもしれませんが、やがて立ち上がったイエスは「あなたたちの中で罪を犯したことのない者が、まず、この女に石を投げなさい」と言ったのです。そして、また沈黙して地面に何か書いている、その姿からは、「あなたがたはこの女に石を投げて殺すことのできるほど、まったく罪はないのですか」と、集まっていた一人ひとりに、強く迫るものがあったのでしょうか、さすがに、石を投げる人はいなかったのです。年長者から一人去り二人去り、ある者は握っていたかもしれない石をそっと置いて立ち去っていったのです。イエスは、皆が去ったあと婦人に、「どうしてこんなことをしたのだ、悪いことをして石殺しにされても仕方がないのだぞ」など、しかったり責めたり怒ったりはしませんでした。「行きなさい。これからは、もう罪を犯してはならない」、その慈愛あふれた言葉に、恥ずかしい罪を犯したこの婦人は、このときから立ち直って、明るくあすへの道を歩み始めたことでしょう。

私たちは人生のなかで、あるときは足ぶみして前に進めないこともあり、過去にとりつかれて、後ろばかり振り向いていることもあるでしょう。しかし、一日一日を大切に生きるということは、きのうの私はきょうの私ではなく、日々新しい人となって、精一杯生きることなのです。中国の古い書物「大学」に出てくる湯王は、毎朝の洗面に使う器に、「まことに日に新たに、日々に新たに、また日に新たなり」と書いてあったそうです。これは、毎日何か変わったことをするというのではなく、表面的にはきのうもきょうも変わらなくても、内面的にはより一歩、より一歩進むことを意味しています。たとえ、どんな日々を過ごしておられる人であろうと、かけがえのない、繰り返しのきかないきょうが暮れ、新しい朝を迎え、またかけがえのない一日を生きるのです。

キリストは、私たちをよりよく生かそうとしています。それは、その教えを読めば読むほど、聞けば聞くほど、痛いほどよくわかります。そのキリストと共に歩むことは、日々新たに歩むことです。

Q 神が愛ならば、なぜこの世に苦しみがあるのですか。

A この世に苦しみはないほうがよい、いや、あってはならないように思えます。しかし、他方から見て、苦しいことなど何一つないようにするのが愛であるのか。実はここに、愛とそれにまつわる幸福についての、複雑さがあります。

幸福については、二つの感じかたがあります。まずは苦しみのない状態。しかしこれは、苦しんでいる人の、「こんな苦しみがなければ、どれほどうれしかろう」という気持ちで、一応はうなずけます。しかし、苦しいことがなければ、人は本当に幸福なのでしょうか。それだけでは、人の心はまだ満たされないはずです。

ここから、次の幸福の姿が浮かび上がってきます。人が自分の目指すものに対して、自分の全力を尽くした、という喜びです。人生は、山登りのようなものに考えられます。登るときの苦しみは、登り着いたときの喜びを減らすものではありません。登るときの苦しみが大きいほうがよい、というわけでもない。しかし、登山電車やヘリコプターではなしに、重いリュックサックを背負って、険《けわ》しい道を一歩一歩登った。その登り切ったときの、何ものにも替えられない喜び。この、やり抜いたという喜びは、それまでの苦しみが大きかったからではありません。他の人が登れなかった所を自分が登った、という優越感でもない。むしろ、自分の知力と体力を出し尽くして、精一ぱいやり抜いたという、すなわち、幸福そのものです。

神が愛であるというとき、それは、神が一人ひとりの幸福を心から願って、そのためにあらゆることをしてくださる、という愛です。しかも、神は素晴らしい人間をお創《つく》りになったのです。つまり、安易なことでは満足できない人間をお創りになりました。神は、人に決して安易な人生をお与えにはなりません。険しい山を登るように、自分のすべてを尽くさなければ、とても生き抜けないような人生をお与えになりました。人間は、自分のすべてを出し尽くさなければ、本当に幸福になれないほど、偉大なものとして創られているのです。そこにこそ神の愛があるのです。

録」のパウロの言葉の中にありました。

「あなたがたもこのように働いて弱い者を助けるように、また、主イエス御自身が『受けるよりは与える方が幸いである』と言われた言葉を思い出すようにと、わたしはいつも身をもって示してきました」(使徒20・35)。

その言葉を実践すべく、私は大学院を修了後、国際医療協力への道に進みました。しかし実際は、助けられることのほうが多かったというのが現実です。紛争の真っ只中、クラスター爆弾の不発弾に、危うく触りそうになった私を、手を引っ張って助けてくれたのは、支援先の子どもたちであり、予防接種を拒否していた子どもの家族を、根気よく説得してくれたのも現地の若い母親たちでした。また、与えるという意味は、単に支援するということではなく、他者のことを自分のこととして考える、つまり、共感や思いやりといった真の意味での隣人愛の実践であるということも現地で学びました。

それから数年後、自分が踏み出した道は、正しい道だったと感じつつも、生来、怠惰な私は、何か明確な自分との約束が必要と考え、洗礼を受ける決意をしました。いよいよ受洗する日が近づく中、祖母の聖書の中の一文が目に留まりました。「医者を必要とするのは、丈夫な人ではなく病人である。わたしが来たのは、正しい人を招くためではなく、罪人を招くためである」(マルコ２・17)。その傍線は、祖母の深い共感を示すように、より太く、とても力強いものでした。最も困難な中にあり、声を出したくても出せない人たちのことを第一に考えるようにとのメッセージは、この時から私の思いともなりました。

キリスト教とわたし——11

不満・不平が募る時

平林国彦《ひらばやしくにひこ》

UNICEF（国連児童基金）
東アジア・太平洋地域事務所・保健衛生部長

キリスト教徒ではなかった祖母が、母に遺した聖書を、私は、高校生のとき以来久しぶりに手にしていました。神道の家に嫁いだ祖母は、昭和30年代では、ほぼ不治の病であった骨肉腫を患い、私がまだ幼いころ、50代でその生涯を終えていました。

おそらく、激しい痛みと絶望の中で、聖書に書かれたみ言葉に、多くの希望を見出したのでしょう。ほとんどのページに傍線が引かれ、余白には、その時に祖母が感じた気持ちが、短い言葉と丁寧な字で残されていました。中学、高校と、自分が悩みを抱えた時、祖母が残したメッセージと、聖書に引かれた線を追っていくと、何かしらの解答にたどり着いた記憶があります。その日も、私は、一つの解答を求めていました。

当時、私は医師になって10年目。大学院で、子どもの先天性心臓病治療用の極細人工血管開発の基礎研究をしていました。「救えなかった命を救うのだ」、という当初の意気込みが薄れる中、偶然購入した英文雑誌に載っていた一枚の写真が、私の心をひどく揺り動かしました。親からはぐれた小さな女の子が、一人、力つきたように荒地に倒れこみ、その後ろで一羽の禿げ鷲が、その子の運命を見透かすように待つ光景。その絶望の一瞬を捉えた写真は、瞬く間に世界に伝わりました。自分もこのような子どもたちを救いたいと思う反面、何ができるのか、全くわかりませんでした。その解答は祖母が引いた「使徒言行

第13講　いのちのパン

食卓を囲んで

テレビのある連続ドラマで、食事の場面が多すぎるという投書が新聞に出ていたことがあります。といっても、最近では家族全員がそろうということがむずかしくなっているようです。子どもの、「お父さんにめったに会わない」なんて、さみしい声もあるようです。以前、新聞の連載マンガで、奥さんが夫と子どもに、「たまには父子の対話をしなさい」と言いますと、父と子は向き合って座り、父親が「このごろどうしているの」子「あいかわらずですよ」子「会社のほうはどうですか」父「まあまあですね」それで終わりというのがありました。思わず笑ったのですが、これは笑いごとではないなあと考えさせられました。

ここで、もう一度初代教会の姿を思い出してみましょう。前にも引用しましたが、そのなかに「家ごとに集まってパンを裂き、喜びと真心をもって一緒に食事を」（使徒2・

46）とあります。初代教会の信者が心を一つにすることのできたのは、前にも話しましたように、洗礼を受けて神の民となり、共に祈り、教えを守り、相互の交わりを大切にしたからです。その上、当時の信者は「財産や持ち物を売り」「すべての物を共有」してまで、一つになろうとしたのです。その共同生活のなかで、喜びと真心をもって共にする食事、それはいっそう兄弟的結びつきを強めるものであったにちがいありません。初代教会の信者にとって、ただ共に食事をするということのほかに、もっと大切なことがありました。それは二度も出てくる、「パンを裂く」ことでした。

聖書には、イエスが食卓にいたと思われる記事が何回か出てきます。その最初は、カナという所で行われた結婚式の宴に招かれたこと（ヨハネ2・1－12）、マタイの家での食卓（マタイ9・10）、シモンの家での食卓（マタイ26・7）などがあります。ですが、なんといっても重要な食卓は、十字架につけられる前夜、弟子たちと共にした「最後の晩さん」での食卓でした。当時のユダヤで最大の祭りは「過越祭《すぎこしさい》」でした。その祭りには細かい規則があって、食事の方法にも定めがありました。イエスと弟子たちも、その規則に従って過越の食事をしました。ところが、その定めにない言葉がイエスの口から出たのです。

イエスはパンを取り、感謝の祈りを唱えて、それを裂き、使徒たちに与えて言われた。「これは、あなたがたのために与えられるわたしの体である。わたしの記念としてこのように行いなさい」。食事を終えてから、杯も同じようにして言われた。「この杯は、あなたがたのために流される、わたしの血による新しい契約である」（ルカ22・19－20）。

イエスがパンを取って、これは、「わたしの体」「わたしの記念としてこのように行いなさい」と命じたのです。教会の発足から二十数年たったころに書かれたパウロの手紙に「あなたがたは、このパンを食べこの杯を飲むごとに」（一コリント11・26）と書かれていますから、当時、どの共同体でも、重要なこととして、「パンを裂く」ことが、行われていたことがわかります。このイエスのからだであるパンを、そこに集まる信者が食べる、ここに初代教会の信者が一つになる、最も大きな意義があったのです。パウロはその点をはっきりと言います。

わたしたちが神を賛美する賛美の杯は、キリストの血にあずかることではないか。わたしたちが裂くパンは、キリストの体にあずかることではないか。パンは一つだから、わたしたちは大勢でも一つの体です。皆が一つのパンを分けて食べるからです（一コリント10・16－17）。

最後の晩さんのときに、イエスが定めた「パンを裂く」ことは、それ以来、二十一世紀の現代まで絶えることなく受け継がれてきているのです。

これはわたしの体

「このパンはわたしの体」「このぶどう酒はわたしの血」。これは、どういうことを意味しているのでしょうか。イエスの最後の晩さんで手にされたパンは、過越祭の食事に使われる「種なしパン」といわれるもので、イーストを一切使用しない、小麦粉を水だけでねって、平らに丸くのばして焼いたパンでした。だから、私たちが平常目にする食パン・フランスパン・ドイツパンとは違っています。ぶどう酒は、当時盛んに作られていた純粋のぶどう酒です。当時の人々にとって、イーストを入れるか入れないかは別として、パンとぶどう酒は、日常の食物・飲み物だったのです。それが、どうして「イエスの体」「イエスの血」になるのか、私たちの理解できる範囲で考えてみましょう。

人間が生きていく上で、ご飯とかパンとかいうものは欠かすことができません。聖書には、イエスの話を聞こうと集まった人たちのために、パンをふやした話（ヨハネ6・1・15参照）がありますが、この場合のパンは、人々の空腹をいやすのが目的のパンでした。もちろんイエスは、人間が生きていく上に、それが必要なことを知っていました。

けれども一方、イエスの有名な言葉「人はパンだけで生きるものではない。神の口から出る一つ一つの言葉で生きる」（マタイ4・4）ともいうのです。ここに、「わたしの体」と言われるパンの秘密が隠されているようです。ヨハネ福音書を見ますと、だれもがびっくりするような言葉が出てきます。

わたしは、天から降《くだ》って来た生きたパンである。このパンを食べるならば、その人は永遠に生きる。わたしが与えるパンとは、世を生かすためのわたしの肉のことである（ヨハネ6・51）。

「わたしの肉のことである」。なんと生々しい言葉でしょう。だからそれを聞いた人々は、「どうしてこの人は自分の肉を我々に食べさせることができるのか」（ヨハネ6・52）と互いに議論を始めます。それに対してイエスは、次のように答えます。

はっきり言っておく。人の子（イエス）の肉を食べ、その血を飲まなければ、あなたたちの内に命はない。わたしの肉を食べ、わたしの血を飲む者は、永遠の命を得、わたしはその人を終わりの日に復活させる。わたしの肉はまことの食べ物、わたしの血はまことの飲み物だからである。わたしの肉を食べ、わたしの血を飲む者は、いつもわたしの内におり、わたしもまたいつもその人の内にいる（ヨハネ6・53－56）。

このイエスの言葉を聞いた弟子たちの多くは、「実にひどい話だ。だれが、こんな話を聞いていられようか」（ヨハネ6・60）と、ぶつぶつ言います。それはそうでしょう。何度も繰り返して「わたしの肉を食べ」「わたしの血を飲め」と言われても、これは、常識的にはとても考えられないことです。その結果、「弟子たちの多くが離れ去り、もはやイエスと共に歩まなくなった」（ヨハネ6・66）と書いています。イエスが「わたしがあなたがたに話した言葉は霊であり、命である」（ヨハネ6・63）と言われても、弟子たちには理解できなかったでしょう。

さて、これを読まれたあなたはどう思われたでしょうか。「実にひどい話だ」と思われたでしょうか。そう思われないとしても、むずかしい話だと思われたにちがいありません。肉とか血とかいうと、淡泊な日本人にとっては、少々生臭い話に思われるかもしれません。しかし、イエスが言う肉、最後の晩さんでは「わたしの体」と言いましたが、それは「わたしのすべて」を意味しているのです。血は、これがなくては人間は生きることができない、つまり「いのち」そのものを意味しています。と考えますと、簡単すぎる結論のようですが、「わたしのすべて、わたしのいのちをあなたがたに与える」と解釈できるのではないでしょうか。

以前、イエスの十字架上での死について話をしましたが、事実イエスは、その体を私たちのためにいけにえとされ、すべての血を流されたのです。が、この十字架は一回だけですが、「あなたたちのために与えられるわたしの体」としてパンを裂くことは、永遠に続けられ、「この杯はあなたたちのために流されるわたしの血」も、連綿と続けられているのです。それはなぜでしょうか。その意味が先ほどのイエスの言葉のなかに出ています。「永遠のいのち」を持たせ、「終わりの日に復活させる」、「わたしの内におり、わたしもまたいつもその人の内にいる」ために、パンを分けてわたしを食べなさい。わたしと完全に一致しなさい。このように言っているのです。

日本人にとっては、パンよりもやはり米のご飯、うどんやそばのほうが膚《はだ》に合う。ぶどう酒よりも日本酒が、といわれるかもしれませんので、話を私たちの身近にもっていきましょう。わが国の場合、昔から神社に供えるのは米と酒が中心でした。祭りでもあれば、たくさんの酒が並びます。祭りのあと世話人たちはその酒を飲み、供え物を料理して食べます。これは、祭りが終ったから慰労のために供え物を飲食しているようですが、もともとは神々と一緒に食事することを意味していたようです。神々が人々と共に酒を飲みかわす、神と人とが一つになれると考えたようです。その他にも、祭りのときに神社に供えた餅《もち》を参拝者に配ったり、米を神米として与えたりして、それを食べることによって神と一致することができるとされているようです。もっともそれが、病気を治すなどの迷信に使われることもあると聞きます。地方によっては仏前に供えられた菓子を、それぞれ参列者に土産《みやげ》として分配するようですが、それも仏と共に食べることを意味しているそうです。

現在でも盛んに行われている風習に「お守り」があります。小さな袋に入っている「守り札」を常に身につける、つまり、神々と一緒にいることによって災難をのがれる、あるいは願いがかなうと考えているようです。人間の力を超える神と一体感を持つことによって、自分以上の力が出ることを願うのでしょう。こうしたわが国の風習は、神々や仏が、こうしろと言ったのではなく、人間の側が、食事を共にするとか、お守りを持つことによって、神々や仏と一致できるのではないかと考え出したことでしょう。人間が生きていくために、何か人間を超えた大きな力と常に共にいたいというのは、昔から人々の素朴な願いだったのでしょう。

しかし、イエス・キリストは明らかに、「わたしの体」を食べなさいと言ったのです。それを決して迷信的にとらえてはなりません。キリストの体を食べたから病気が治るとか、願いがかなうのではないのであって、キリストに留まり、キリストも私たちの内に留まるのです。それは、私たちの尊いいのちの生き方を、より素晴らしい方向に導かれることなのです。

ミサ

「キリストの体を受ける」、それは、現在具体的にはどのように行われているのでしょうか。カトリック教会では、日曜日を中心にささげる「ミサ」のなかで行われています。現在のミサの様式は、二千年の長い歴史のなかで形作られてきたものです。

どの宗教でも祭儀ということは大切にされます。わが国では神社の祭礼、寺院における法要とかその他の行事、そこで唱えられる祝詞《のりと》や経典、また動作など、一般参列者にはよく意味のわからないことが多いのですが、きらびやかな装束《しょうぞく》や神秘的な荘厳さが盛りこまれています。

カトリック教会でも、一九六〇年代半ばまでは、ミサは世界のどこでもかつての国際語であるラテン語で行われていました。ですから、よほどの人でないと、なんのことかさっぱりわからなかったのです。それが、第二バチカン公会儀による典礼の刷新により、世界中の国々が、内容は同じですが、それぞれの国の言葉でミサを行うようになりました。従って日本でも、ミサの最初から終わりまで、祈りも聖歌もすべて日本語で唱えられ、歌われるのでわかりやすくなっています。それでも、二、三回参加しただけでは、ミサにはなかなかなじめないかもしれません。ミサの順序は何回か通っているうちに身につきますが、そこで唱えられる言葉は、長い歴史のなかでまとめあげられたものですから、その一つひとつを理解するのには、少し時間がかかると思います。

しかし、ミサの中心は、最後の晩さんのときと同じように、イエス・キリストの言葉で行われる祭儀です。「種なしパン」といっても、現在のように多数の信者、多いところでは千人以上の信者に「手で裂く」ことはできませんので、あらかじめ修道院で作られた小さな「種なしパン」を使用しています。そのパンと、杯に入ったぶどう酒を、司祭は、食卓をかたどる祭壇で、イエスの弟子から連綿と受け継がれてきた権能によって聖別します。その小さなパンが、どうしてキリストの体となり、ぶどう酒がキリストの血になるのか、これはとても神秘的なことですが、父なる神・キリスト・聖霊の無限の愛の働きによって変化すると信じられています。

その聖別されたパン、それは「聖体」といわれていますが、信者はそれを受けるのです。キリストの言われた、「取って食べなさい。これはわたしの体」（マタイ26・26）は、二千年前のキリストの体とまったく同じであり、信者は完全にキリストと一致するのです。それは、一人ひとりがキリストに結ばれると同時に、パウロの言葉にもあるように、「大勢でも一つの体」（一コリント10・17）になることを意味しています。たとえ何百人、何千人、あるいは世界中の信者が何億人であろうと、同じキリストを受けて、神の民としての共同体に結ばれるのです。

これまでは、聖体を中心にして話してきましたが、ミサは、聖体を授けるだけの祭儀ではありません。イエスは、最後の晩さんのとき「これは、罪が赦されるように、多くの人のために流されるわたしの血、契約の血である」（マタイ26・28）と言いました。ルカ福音書は、この契約を「新しい契約」（ルカ22・20）といっています。この契約という言葉は、神の民との契約を意味しています。イエスの時代より二千年も前から伝えられてきた契約（出エジプト19〜24参照）を旧約といい、その契約に基づいて書かれたものを「旧約聖書」といいます。イエス・キリストによって結ばれた新しい契約の前に、旧《ふる》い契約の長い年月があり、旧約時代の人々は、長い間「救い主」の来られるのを待ち望んでいました。

ここでキリスト教を理解するために重要な「贖《あがな》い」という言葉を知る必要があります（償《つぐな》いとは意味が異なりますから注意が必要）。この「あがない」の原義は、奴隷として売られた人間を代価を払って買い戻すこと、囚われの身にある者を身代金を払って救い出すことです。

本来、中近東の古代社会にあった風習ですが、神の民は宗教的な次元で捉え直しました。すなわち、神が自分たちを他民族の支配下から救い出し、この民と契約を結んで神の生命に参与するものとすることを「あがない」と呼びました（『新カトリック大事典』「贖い」の項参照）。人々は、神からたびたび離れてしまう神の民をあがない、救い出す方（メシア／キリスト／救い主）が現れることを待ち望んでいました。こうしてイエスが生まれ、人々に福音（良き知らせ）を宣べ伝えましたが、ついには捕らえられ、十字架の死に渡されたのでした。

しかし、そこには神のご計画があり、このイエス・キリストこそ、救い主であり、十字架の死によるあがないと復活によって、新しい契約が成就したのです。私たちは皆、キリストの十字架によって奴隷のような罪の状態がゆるされ、解放されて救われ（ローマ3・23－25）、その復活によって永遠の生命が約束されています。このことを新しい契約、つまり新約といい、この新しい契約の成就をあかしする書が「新約聖書」です。旧約から新約へは、一つの流れになっていますので、切り離すことはできません。そこに働かれる神は、永遠に変わることのない唯一の神だからです。キリストの教会は、最後の晩さんとキリストの十字架、そして復活を、ミサを通してこれを世の終わりまで記念し続けていくのです。

イエス・キリストから現在までの約二千年、キリストの教会は長い長い旅をしてきました。その間には、人間的な弱さからくるさまざまな失敗や、あるいは堕落の時期もあったでしょう。そうした体験のなかで、教会自体も回心を繰り返しながら、まだ旅は続いています。

イスラエルの国の一角で始まったキリスト教は、小さな集団から出発し、そこから世界宗教となるまでに発展してきました。イスラエル人以外の人々への福音宣教に力を入れたのは、なんといってもパウロという人物でした。新約聖書にある使徒言行録やパウロ自身の手紙によって、その足跡を知ることができます。パウロ（まだサウロと名乗っていました）は、イエスが殺されたころは、まだ完全に神殿の側に属していて、初代教会の発足以来、そのキリスト信者を激しく迫害していた（ガラテヤ1・13参照）人物です。それが、ある日突然、劇的な出来事に出会います。

さて、サウロ（パウロ）はなおも主の弟子たちを脅迫し、殺そうと意気込んで、大祭司のところへ行き、ダマスコの諸会堂あての手紙を求めた。それは、この道に従う者を見つけ出したら、男女を問わず縛《しば》り上げ、エルサレムに連行するためであった。ところが、サウロが旅をしてダマスコに近づいたとき、突然、天からの光が彼の周りを照らした。サウロは地に倒れ、「サウル、サウル、なぜ、わたしを迫害するのか」と呼びかける声を聞いた。「主よ、あなたはどなたですか」と言うと、答えがあった。「わたしは、あなたが迫害しているイエスである。起きて町に入れ。そうすれば、あなたのなすべきことが知らされる」。同行していた人たちは、声は聞こえても、だれの姿も見えないので、ものも言えず立っていた（使徒9・1－7）。

そのときからパウロは目が見えなくなり、三日目にイエスの弟子アナニアの祈りによって目が開き、洗礼を受けてキリスト信者になったのです（使徒9・8－19参照）。キリストを信じる者を迫害することは、直接キリストを迫害していることになる。これは、パウロにとって思いがけない言葉だったでしょう。キリスト信者となったパウロは、大変な困難に出会いながら、三回にわたって伝道の旅をし、各地に教会を組織しますが、最後は捕らえられてローマに護送され、六七年に殉教します。パウロは、キリストの福音について深く思いをめぐらし、パウロ神学ともいわれる考えを、その手紙に書き残したのです。一瞬とも思われるキリストの声に、まったく百八十度回心し、真のキリストの理解者・協力者となったのは、不思議なことではありますが、大きな神秘的な体験があったからにちがいありません。

パウロの伝道で組織された教会、特にローマでは、ペトロの働きもあって多くの信者ができたのですが、まだ迫害の嵐《あらし》は吹き荒れていました。三一三年に、ようやくキリスト教が公認され、やがて、ローマ帝国が認めるただ一つの宗教となりました。それ以後、教会堂も次々に建設され、教会音楽も作られ、ミサは盛大に行われるようになりました。

しかし、十一世紀半ばごろ、教会は西のカトリック教会、東のギリシア正教会に分離します。その原因はいろいろ挙げられますが、政治的背景、民族・風習の違いや、神学的解釈の相違などがあったようです。十六世紀前半には、カトリック教会の一司祭マルティン・ルターが宗教改革を唱えて教会を離れ、プロテスタントの教会を組織します。また、イギリスの教会もローマ・カトリックを離れ、イギリスの国教会として独立します。

こうして、キリストにおいて一つであるはずの教会が、分離・分裂したことは情ないことですが、そうした混乱を乗り越えて、キリストの教えは世界に広まり、教育や福祉の面で、キリストの証しともなり、旅は続けられているのです。今では、ギリシア正教会だけでなく、ロシア正教会、プロテスタントの各派教会、イギリスに中心を置く聖公会などもあります。ですから一口にキリスト教といっても、戸惑《とまど》う人もあるでしょう。けれどもこれらの教会は、一つの聖書に基づいて、キリストの教えを伝えているのですが、一部新興宗教的な団体が、キリストの名を使い、あやしげな教えを説いて歩き、余計に混乱を起こしているのは困ったことです。

現在、聖書を一つにする教会を、再び一致させようと、世界的規模での運動（エキュメニズム／教会再一致運動）がなされています。分離してからの年月が長いだけに、なかなか困難な道ですが、お互いの理解への努力は進んでいます。それは、「（信じる）すべての人を一つにしてください」（ヨハネ17・21）と、切に願われたイエス・キリストに対して、キリスト者一人ひとりが心の痛みを感じ、対話と和解の重要性を認識するからです。

Q 洗礼を受ければ、それまでの罪は全部ゆるされるといいますが、それでは、勝手気ままに生きて死ぬ間際に洗礼を受けるのが、いちばん得ではないですか。

A 「勝手気ままに生きて、死ぬ間際まで洗礼を受けないほうが得」とおっしゃるところに、「早く洗礼を受ければ、勝手気ままに生きられなくなるので損」というお気持ちがあるのでしょう。「どうせ死ぬ間際に洗礼を受ければ、罪は全部ゆるされるのだから、それまでに悪いこともうんとしておいたほうが得」とお考えなのですね。

でも、少しお待ちください。悪いことは、なぜしてはいけないのでしょうか。その理由はただ一つ。人は罪によって、自分で自分を不幸にするからです。罪の報いは罰といいますが、それはスピード違反の罰金のようなものではありません。スピード違反で捕《つか》まれば、罰金になります。それは法律で罰金と決まっているからです。その法律がなければ、それとも法律があっても捕まらなければ、罰金なしで済みます。

しかし、神の前に罪を犯した場合、それは神が「こういうことをすれば、これだけの罰」とお決めになったわけではありません。むしろ、罪を犯すこと自体が、その人を不幸にするからです。つまり、罪を犯すというのは、その人が自分で自分を不幸にする、ということなのです。

これは受験勉強のようにも考えられます。勉強は苦しい、特に、受験のためだとよけいに苦しい。それで、テレビやゲームなどにひかれて、十分な勉強をしなかった。当然、目指す学校に入れない。この場合、落としたのはだれでしょう。実はその学生、自分自身なのです。勉強しておけば結構入れたかもしれないのに、それをしなかった。つまり、自分で自分を落としたのです。

どうでもよいことを、神がわざと禁じておいて、違反すれば罰する、というような罪はありません。人が自分で自分を不幸にする。それが罪です。神は人が不幸になることを、絶対にお望みにならない。それで「不幸になってはいけない」、つまり罪を犯してはいけない、とおっしゃるのです。

あなたが得だとおっしゃる「勝手気まま」が、悪いこと、罪だとすれば、得ではなくて損なのです。まして「死ぬ間際まで」続けたいなんて、たいへんな考え違いです。

が人間として成り立つためのいのちそのものであることを如実に示すものではないでしょうか。

私がこのことを強く意識することができるようになったのは、やはり、第一には、両親に養われて育った幼少の頃から青年期に至るまでの日々の生活体験によります。そのころ、母親は、子どもたちが親に苦労をかけることを冗談めかしく、「この、すねかじり」と言っていました。確かに私たち子どもは、親の「すね」を「かじる」ようにして、つまりは親の命を削って食べて生きてきたのでした。当然のことですが、その親の与えてくれた日々の糧が現在の私の命を作ってくれたのでした。

14歳のときに、初めてカトリック教会に通って、洗礼を受け、聖体をいただく生活が始まりました。たぶん最初の頃は、聖体の意味を十分理解できていなかったのですが、信仰生活の中心は、あきらかにミサにあり、そのまた中心が「聖体」にあることは自然に身につくように分かっていきました。これこそは「からだ」の力です。

加えて忘れられないことは、指導してくださったフランス人の神父さまが、何も知らない少年であった私を可愛がってくださり、早朝のミサ奉仕の後などに、司祭館の食堂でおいしいフランスパンやカフェ・オ・レ、エッグスタンドに入ったゆで卵などをご馳走してくださったことです。これは私にとって最初の西洋文化体験でもあり、食べものから入る信仰体験でもあったのです。

キリスト教とわたし――12

カトリック信仰は「からだ」とともに

田畑邦治《たばたくにはる》

天使大学学長、ＮＰＯ法人生と死を考える会副理事長

私にとってカトリック信仰は、信仰と関係のないような幼少の頃から、また初めてキリスト教に触れた思春期の頃から、老年期を迎えた現在まで、じわりじわりと身に染みとおるようにして入ってきたように思います。信仰は頭で理解するものではなく「からだ」をもって経験されるものです。もちろん、これは精神や心を否定するようなことではなく、それらを含みつつ、全人的なものという意味です。

イエスの最後の遺言でもあり、後々カトリック教会の典礼（ミサ）の基礎となった言葉は、これです。「皆、これ（パン）を取って食べなさい。これはあなたがたのために渡される、わたしのからだである。」（ミサ「第二奉献文」より）。

私たちの信仰によれば、見ることのできない父なる神は、私たちのために人となりました（受肉・托身）が、その肉・身となった神の御子イエスは、最後には、自らの命の全体を、このようにして「からだ」として与えつくしたのでした。

ヨハネ福音書によれば、いのちのパンについてイエスが話されたとき、弟子たちの多くの者はこれを聞いて、「実にひどい話だ、だれが、こんな話を聞いていられようか」と言って、つまずいたといいます（ヨハネ６・60、66参照）。確かに簡単には信じがたいことです。しかし、食べられるために、からだにまでなって、ついにはパンとなり、自らを与えつくす神は、人間

第14講　私たちのいのち

人生の完成に向かって

今回は、あまり触れたくない問題かもしれませんが、どうしても逃れることのできない、老い・病気・死について考えたいと思います。お釈迦《しゃか》さまが、人間はなぜ生き・老い・病み・死んでいかねばならないのか、その疑問から王宮を出て修行生活に入ったことは、有名な話となっていますが、その四苦をどう克服していくかは、非常にむずかしい問題です。医学の進歩やその他の好条件が重なって、わが国では平均寿命がずいぶん延びてきました。ひと昔前までは、「人生わずか五十年」といわれていたのに、今や人生八十年はあたり前の時代です。そこで、高齢者問題が大きな社会・政治課題となってきました。老いをどう迎えどう過ごすか、病気にどう対処すればよいか、そして死の問題についても最近は、テレビ・新聞・書物にあふれていますから、いまそれをむし返そうとは思いません。ここでは、キリストと共に歩む者の立場から話をすすめたいと思います。

「年はとりたくないものだ」。これは、だれもが望んでいないことを表している言葉でしょう。しかし、誕生日ごとに確実に年は重なります。なかには、七十歳過ぎても「わたしは老人といわれたくない」と張り切っている人もいます。八十歳になっても「自分の本当の人生はこれからだ」と元気一杯の人もあります。健康でさえあれば、老いということは、その人その人の心構えが大きくかかわってくるのではないでしょうか。老いは、向こうから近づいてくるという消極的な考えではなく、こちらから向かっていくという積極的な心構えを持つことが大切だと思います。

パウロは手紙のなかで次のように書いています。


年老いた男には、節制し、品位を保ち、分別があり、信仰と愛と忍耐の点で健全であるように勧めなさい。同じように、年老いた女には、聖なる務めを果たす者にふさわしくふるまい、中傷せず、大酒のとりこにならず、善いことを教える者となるように勧めなさい。そうすれば、彼女たちは若い女を諭して、夫を愛し、子供を愛し、分別があり、貞潔で、家事にいそしみ、善良で、夫に従うようにさせることができます。これは、神の言葉が汚されないためです（テトス2・2－5）。

これはパウロが、教会の指導者に宛《あ》てて書いているのですが、パウロ自身の、老人に対する希望が具体的によく表れています。老人は、尊敬されて当然だと思う前に、自分自身が尊敬されるにふさわしい者となるように、心しなければならないのです。

老いに向かうということは、振り返ることではなく、常に前に向かうことです。ある年齢に達して、若いころはああだった、あのころがわたしの人生の花だったなどと、過去をなつかしがっているばかりでは、〝積極的な老いの生活〟に取り組めなくなると思うのです。ところが、将来を考えると不安な気持ちにかられる人も多いようです。

老いに向かっていくことは、だれしも望むことではありませんし、あれこれ不安を感じるものです。しかし、イエスは言われます。

あなたがたのうちだれが、思い悩んだからといって、寿命をわずかでも延ばすことができようか（マタイ6・27）。

思い悩むのではなく、キリストへの信仰をより深めて、その日その日を善く生きるならば、老いの日々は不安ではなく、充実したものになるのです。

先ほど引用したパウロの手紙には、「信仰」「愛」「忍耐」などの言葉が出ていました。老人だからといって、愛されて当然と考えるのではなく、キリストの「愛しなさい」という命令は、人間が息を引き取るその瞬間まで、守らなければならないことなのです。従って、老人といわれる人も、自分の周囲の人々に、常に温かい心くばりをする、進んで愛の手を差し伸べる、そのためには努力も必要でしょう。しかし、神に愛されていることを信じる者にとっては、それほどむずかしいことではないはずです。「分別」を持ち、「聖なる務めを果たす者にふさわしくふるまい」、「善いことを教える」あるいは伝えていく、これは、老人のあるべき姿ではないでしょうか。

老人を敬う

当時のユダヤでは、老人は人々から尊敬を受けていました。「白髪の人の前では起立し、長老を尊び、あなたの神を畏れなさい。わたしは主である」、これは旧約聖書(レビ記19・32)に出ている神の律法です。すべての律法の基本となる「神の十戒」には、「あなたの父母《ちちはは》を敬え」(出エジプト20・12)とありますから、年長者に対する態度は厳しく守られているはずでした。しかし、次のような話があります。

そのころ、ファリサイ派の人々と律法学者たちが、エルサレムからイエスのもとへ来て言った。「なぜ、あなたの弟子たちは、昔の人の言い伝えを破るのですか。彼らは食事の前に手を洗いません。」そこで、イエスはお答えになった。「なぜ、あなたたちも自分の言い伝えのために、神の掟を破っているのか。神は、『父と母を敬え』と言い、『父または母をののしる者は死刑に処せられるべきである』とも言っておられる。それなのに、あなたたちは言っている。『父または母に向かって、「あなたに差し上げるべきものは、神への供え物にする」と言う者は、父を敬わなくてもよい』と。こうして、あなたたちは、自分の言い伝えのために神の言葉を無にしている（マタイ15・1－6）。

イエスはここで、自分勝手な理屈をつけて、父母に対する義務をなおざりにしてはならないと言っておられます。

ファリサイ派とか律法学者といわれる人々は、民衆に対しては、律法の一点一画まで厳重に守るように教えながら、自分たちはその逃げ道もちゃんと心得ていたのです。しかし、こうした一部の人々を除いた一般民衆は、「父母を敬う」ことを、よく守っていたはずです。わが国でも儒教の影響もあって、老人・父母を尊敬する気風はあったはずですが、最近はそれがどうも崩れているのかもしれません。現在、私たちの周囲に、子どもたちからさまざまな理屈をつけられて、さみしい日々を送っている孤独な老人はいないでしょうか。

信仰の試金石

年齢は誕生日を迎えるごとに、確実に年を重ね、もう何年で私も何歳だとかぞえることができますが、病気と死、それは年齢に関係なく、まったく思いがけないときに訪れます。医学の進歩によって多くの生命が救われ、寿命を延ばしています。けれども、秦《しん》の始皇帝がその権力でどれほど大金を投じても、不老不死の仙薬を入手できなかったように、人間は不老・不病・不死というわけにはいきません。いつかはそれぞれの体に何らかの病気が入りこんできます。医師の勧告に従わないで、不摂生《ふせっせい》を重ねていれば別ですが、私たちは自分の病気を選ぶことはできません。どんな病気に襲われるかわからない不安があるのです。昨日《きのう》まで確かに覚えていた人の名前がどうしても思い出せない、認知症の始まりではなかろうか、いやに胸のあたりが痛む、心臓病の徴候ではなかろうかなど、神経質に気にする人もあるでしょうし、「気にしない気にしない」という人もあるでしょう。病は気からなどといわれますが、いくら気ばかり強くても病に勝てないこともあり、かといって少しどこか悪いと「もうだめだ」と気のほうが負けてしまうのも考えものです。

聖書を見ますと、イエスが病人を治したという記事が多く出ています。当時は、医療技術も乏しく、病気になると家族からも見捨てられ、いやがられることも多かったようです。病気というものは、苦しみや痛みの上に、人を、孤独という暗やみへ落とします。イエスはそうした病人の手を取らずにはいられませんでした。暗やみの底にある病人に光を与え、父なる神の愛を表したのです。

キリストと共にあることを信じる者にとって、病気の訪れをどう迎えればよいのでしょうか。イエスは十字架上で死を迎える前の晩に、その恐怖にかられて「父よ、御心なら、この杯をわたしから取りのけてください。しかし、わたしの願いではなく、御心のままに行ってください」（ルカ22・42）と祈られました。私たちがそのときになって、「父の御心のままに」と祈ることができるかどうか、それは父への信仰が試されるときでもあるのです。

私たちを襲ってくる病気は、どんな激しい痛みを伴うものになるか、あるいは長く寝たきりになるか予測できませんが、そのときに、ついつぶやきが出るかもしれません。「神はわたしをお見捨てになったのですか」と。

旧約聖書には有名な「ヨブ記」があります。この物語は、たいへん裕福で家族にも恵まれていたヨブという人が、すべての財産も家族も失い、孤独になり、そのうえ自分も重い病気にかかったにもかかわらず、神を賛美し続けたという話です。聖書のなかでヨブは、その病気の様子を次のように描いています。

肉は蛆虫《うじむし》とかさぶたに覆《おお》われ皮膚は割れ、うみが出ている。……わたしの目は二度と幸いを見ないでしょう（ヨブ7・5－7）。

この状態にあるときでさえも、ヨブは神を賛美していました。

「わたしは裸《はだか》で母の胎を出た。裸でそこに帰ろう。主は与え、主は奪《うば》う。主の御名《みな》はほめたたえられよ」。このような時にも、ヨブは神を非難することなく、罪を犯さなかった（ヨブ1・21－22）。

「わたしたちは、神から幸福をいただいたのだから、不幸もいただこうではないか」。このようになっても、彼は唇《くちびる》をもって罪を犯すことをしなかった（ヨブ2・10）。

健康な日々を送っている間は、「神に感謝」と祈りながら、ひとたび自分の望まない状態になると、「神はわたしを見捨てた」では、信仰はどこにあるのかと言われてもしかたがありません。しかし、現実に病気に襲われると、人間は弱い存在ですから、どのように気持ちが変わるかわからないのです。

病者の塗油

新約聖書の終わりのほうの、「ヤコブの手紙」に次のような言葉が出ています。

あなたがたの中で病気の人は、教会の長老を招いて、主の名によってオリーブ油を塗り、祈ってもらいなさい。信仰に基づく祈りは、病人を救い、主がその人を起き上がらせてくださいます。その人が罪を犯したのであれば、主が赦してくださいます。だから、主にいやしていただくために、罪を告白し合い、互いのために祈りなさい。正しい人の祈りは、大きな力があり、効果をもたらします（ヤコブ5・14－16）。

ここには、教会の発足当初から、病人に対してどのように配慮されていたか、がうかがわれます。今でも言えることですが、病人を見舞ってあげても、それがどんなに愛する人であっても、その痛み苦しみを代わってあげたり、取り除いてあげることはできません。今まさに激しい痛みに襲われ、表情をゆがめている病人の、代わってもらえない孤独な闘い、その暗黒の底に死が待ち受けているという恐怖の場合もあるでしょう。こうしたとき、周囲の人にできることは、手を握ってあげる、そして祈ってあげることしかありません。初代教会のころから、長老（司祭）をはじめ周囲の人々は祈ったのです。

カトリック教会には、初代教会から続けられてきた、病者のための秘跡（病者の塗油の秘跡）というのがあります。信者が重い病気、危険な手術を受けねばならないときなど、家族の知らせを受けた司祭は病人を訪ね、先ほどのヤコブの手紙にあるように、聖別された油（オリーブ油）を病人のひたいに塗り、祈ります。本人が告白（ゆるしの秘跡）を希望すれば司祭はそれを聞き、その罪のゆるしも与えますし、事情がゆるせば、聖体も授けます。

ヤコブの手紙に、「信仰に基づく祈りは、病人を救」うという言葉がありましたが、だれにも代わってもらうことのできない痛み苦しみのなかにあっても、司祭が心をこめて私のために祈ってくれる、それに、教会の多数の仲間も私のために祈ってくれるということは、自分は決して孤独ではないという気持ちになるでしょう。病からくる痛み苦しみは同じであっても、気持ちは落ち着き、安らぎを得るにちがいありません。

病気は、だれが考えてもいやなことです。しかし、避けられない病気にかかったとしたら、あれこれ思い煩ったり、気持ちを落ちこませたりしないで、医師の指示に素直に従って、病と闘うことが大切です。キリストは必ず力づけてくださいます。

人生の完成点

わが国では、死という言葉は「縁起《えんぎ》でもない」と敬遠されてきました。死は忌《いま》わしいもの、穢《けが》れとされ、葬儀に参列して帰ると玄関で塩をふりかけて清めるという習慣も続いています。死は恐ろしいもの、望まないもの、考えたくないものとして、目をそらそうとしているのでしょう。若くて健康であれば、死は遠い先のことと考えますが、いつか必ず死を迎えることをしっかり意識したとき、きょう一日がほんとうに尊い一日であることを知るのではないでしょうか。

「一期一会《いちごいちえ》」という言葉は、井伊直弼《いいなおすけ》の書『茶湯一会集《ちゃのゆいちえしゅう》』に出ていますが、これは、今こうしてお茶を点じ、客と共に飲みながら一刻を過ごすということは、この世で今、この時だけの出会いと考え、心をこめてもてなしをしなさい、という茶道の心得として書かれた言葉でしょう。けれども、私たちの平凡に過ぎる一日一日にも、この「一期一会」の気持ちは大切だと思うのです。なぜなら、過ぎていくきょうの一日は、もう絶対に帰ってこないからです。死は、尊い一日一日を前向きに歩き続けたこの世の終点であり、あと戻りのゆるされない厳粛な瞬間であるからこそ、私という人間の完成点なのです。

死の原因は病気だけではなく、交通事故・天災・人災・戦争、また、食料がなくて餓死する人々もあります。死は老少不定《ろうしょうふじょう》で、この世に生をうけて間のない乳児から、人生を歩み始めた人、人生の中途にある人など、残していく家族を思うと、「死んでも死にきれない」ともだえ、無念の涙を流す人もあるでしょう。また、悲しいことですが、自分で死を選ぶ、あるいは家族を道連れにして死んでいくことは後を絶ちません。そうした人々には、複雑な事情もあることでしょうから、一概に非難できないにしても、与えられた尊い生命を捨ててしまうことはいたましいことです。

年を重ねて天寿をまっとうするのは理想的な姿ですが、本人にとっては、愛着がまだまだ強く残っているかもしれません。若くて健康な世代はともかく、老いていく日々は、「老い先短い」という言葉もあるように、たしかに死は近づいています。「もういつお迎えがきてもいい」と言われる人もあります。人の手を煩わせないで死にたいという願望も頭をよぎるでしょう。しかし、老いの日々を送れることは有り難いことと感謝し、その日々は若い人以上に大切に生きなければなりません。この世に未練を残すことなく、一つひとつ愛着から離れていけば、良寛さんの言われたように、「死ぬる時節には死ぬがよく候」、そして、「うらを見せ　おもてを見せて　散るもみじ」と、すべてを神様にお任《まか》せして、淡々とした心境になることでしょう。

死と永遠のいのち

死後はどうなるのか、これはすべての宗教にとって重要な課題です。それぞれの宗教によって、さまざまな死後の世界が描かれています。わが国の場合は、古代からの伝説や、神道・仏教・新興宗教によるいろいろな説がありますので複雑です。仏教の輪廻《りんね》転生思想からいえば、死後四十九日ごろまでには転生するそうですから、もう何かに生まれ変わっているのか、阿弥《あみ》陀《だ》さまに手を取られて極楽浄土の蓮《はす》の花の上に座っているのか、この世の悪業の報いで地獄に落ちて苦しんでいるのか、考えるとむずかしいことです。イスラム教の教典である『コーラン』にも、死後の世界が、この世の生活の最高の状態で描かれています。ある人がこれを読んで冗談に「これが一番いいよ」と笑っていましたが、それは男性の天国です。しかし、どんなに死後の世界を美しく、具体的に描いても、それが死への恐怖を和らげることには役立つかもしれませんが、描かれたとおりであるとはいえません。この世の苦しみを耐え忍ばせるために、ことさらに死後の世界を美化する必要もあったでしょう。国のために死ねば、神として祭られることを強調して、多くの純心な若者を死地《しち》に駆《か》り立てることもありました。

物質文明の世になると、極楽・地獄は死後のことではなく、この世にあるという考えが広まっていきます。この世で、思い切り贅沢《ぜいたく》をする、好き勝手に、他人はどうでもよい、自分だけは人を押しのけても極楽的生活をすればよいという考え方です。しかし、そういう人にとって、死は一層の恐怖となるでしょう。

ここで聖書のなかから、死と死後を考えてみましょう。イエスの十字架上での死は、最大の苦痛であったことが示されたと思います。ヨハネ福音書によりますと、「『成し遂げられた』と言い、頭を垂れて息を引き取られた」(ヨハネ19・30)とありますし、ルカ福音書では、「イエスは大声で叫ばれた。『父よ、わたしの霊を御手にゆだねます』。こう言って息を引き取られた」(ルカ23・46)となっています。釈迦《しゃか》は八十歳すぎて、旅の途中で病気になり、弟子たちに囲まれて、沙羅双樹《さらそうじゅ》の下で安らかに息を引き取られた。このお釈迦さまのように、人間にとって望ましいと思える死の姿にくらべて、キリストの死は、あまりにもむごたらしいと考えるのが一般的ではないでしょうか。

死は、いつ、どのような形で訪れるかまったくわかりません。それがいつであれ、そのとき、イエスが言ったように「成し遂げられた」と言えるなら、私の人生は完成したといえるでしょう。もちろん、世の救い主として成し遂げられたキリストの業《わざ》と、私たちのこの世の業とは比較できませんが、私という一人の人間にとって、その死は完成のときであらねばならないのです。

聖書の最後に出ている「ヨハネの黙示録」を見ますと、次のように書かれています。

（神は）彼らの目の涙をことごとくぬぐい取ってくださる。もはや死はなく、もはや悲しみも嘆きも労苦もない。最初のものは過ぎ去ったからである（黙示録21・4）。

私たちは死によって、父である神のもとで、永遠の幸福に入るのです。死後の世界について、他の宗教に見られるような、具体的な様子は聖書には見られません。しかし、それよりも重要なことが、イエスのお言葉のなかに出てまいります。前講の聖体の話のなかで、キリストは「このパンを食べるならば、その人は永遠に生きる」（ヨハネ6・51）、「わたしの肉を食べ、わたしの血を飲む者は、永遠の命を得、わたしはその人を終わりの日に復活させる」（ヨハネ6・54）と言っています。

わたしは復活であり、命である。わたしを信じる者は、死んでも生きる。生きていてわたしを信じる者はだれも、決して死ぬことはない（ヨハネ11・25－26）。

このようにキリストはたびたび「永遠の命」、「復活」について約束しておられます。「死んでも生きる」のは肉体についてではなく、霊においてです。肉体は有限の存在ですから、死によって無に帰りますが、人生の一日一日を歩き続けてきた私の霊は、「永遠の命」として生き続けるのです。

この世に生き、やがて老い、病にも襲われ、必ず死を迎える私たちは、今すでに永遠につながる「命」の道を歩ませていただいているのです。その「命」を歩み続けるかぎり、老いも病も死も、その歩みのなかの過程《かてい》ですから、思い煩うことも、恐れることもないのです。なぜなら、死の向こうにも「命」があり、大きな光があるからです。

これらのことを話したのは、あなたがたがわたしによって平和を得るためである。あなたがたには世で苦難がある。しかし、勇気を出しなさい。わたしは既に世に勝っている（ヨハネ16・33）。

Q 宗教は、性格の弱い人のためのものであって、普通の人には特に必要ないと思いますが。

A 体が弱ければ病院で見てもらえばよい。性格の弱い人は、カウンセリングへ行くか、それとも宗教によりすがる。でも普通の人には宗教などいらない、とおっしゃるのですね。

ところが、キリスト教で問題になるのは、性格の強い弱いではありません。人は神なしに、まったく自分の力だけで幸福になれるかどうかです。人間というものを、そのために正直に見てみる必要があります。そうすれば、人間には初めからいろいろなハンディキャップがあることに気がつきます。つまり、自分だけでは生きられない不利な条件を、たくさん背負って生きているのです。

(1) だれも自分で生まれたくて生まれてきたのではない。また、自分から望んで今の自分、例えば男とか女などになったのでもない。気がついたときには、こう生まれついていたわけです。ここには、何も自分の力によるものはありません。

(2) だれでも人に育ててもらった。さんざん人のお世話になってこそ、今の自分になれたのです。この点でも、性格の強い者には宗教などいらないと、大きなことは言えないでしょう。たまたま条件がよくて、周りの人々のおかげで、性格の強い者になれたからこそ、そう言えるのではありませんか。

⑶　知識や教養、健康なども、みな家族や学校、社会からもらい受けるものばかりです。自分が自分だけで作り出したものなど、考えられません。なるほど、努力はなさった。でも、その努力することさえも親や先生、友だちなどから教えてもらったのではありませんか。

⑷　その他にもいろいろありますが、ここでは最後の問題にまいりましょう。それは、生と死の意味についてです。人間だけが、ただ生きて、ただ死ぬだけ、ということのできない、特別の存在です。その生と死の意味を考えないではいられないのです。だれも生きたくて生まれてきたわけではない。気がついたら生きていたので、いまさら死にたくないと思う。どうして自分が生まれてきたのか。何のために生きているのだろう。生きるとはどういうことか。死ねばどうなるのだろう。これはみな、性格の弱い人だけが考えるということではありません。弱かろうが強かろうが、みな、この最後の意味に突き当たります。そして、その突き当たりに、宗教や信仰、神の問題が出てくるのです。

第15講　信仰による新しい価値観

真の自由人

ある神父が言いました。「思惑《おもわく》は青酸カリのような害毒ですよ」と。たしかにそうです。「人は、私をどう思うだろう、どう見るだろう、どう言うだろう」と人の思惑が気になるときは、思惑という鎖に縛《しば》られていて、そこには自由がありません。そんなとき、心を神に向けて神のみ旨を問うことによって、鎖は断ち切られ、自由になることができます。

〔例1〕A子さんは、勤め先の会社にいたとき、友人の死の連絡を受け、今晩七時から通夜だと言われました。A子さんは涙があふれてきて呆然《ぼうぜん》としてしまい、もう仕事が手につきません。しばらくしてはっと気がつきました。服装のことです。A子さんはその日、ピンクのセーターに茶のスカートだったのです。通夜には、皆さん喪服で来られる、といって自宅は遠いから着替えに行く時間がない。「神様、どうしましょう?」。A子さんは後に言われましたが

「以前の私だったら、大勢の黒い服装のなかに自分だけピンクの服では、人が何と思うだろうと考えて、とても行く勇気はなかったでしょう」。しかし、A子さんは、どうしても友人と最後の別れがしたい。「人に何と思われようとかまわない。神のみ前に服装のことなど問題ではないのだから」と勇気が出て、人々への気遣いはまったくなく、心おきなく友人との最後の別れをしたのです。

〔例2〕B君は、大学の入試にパスすることができませんでした。周囲の人たちは気を遣ったのですが、当人は落ち込んだ様子などまったくなく、他人に知られたら恥ずかしいなどの様子もなく、至って明るいのです。「B君、どうしてそんなに明るくしていられるの?」と尋ねましたところ、B君は「僕は、やるだけやったんだもの。神様は、僕がどんなに努力したか、みんな知っていてくださるから安心していられるんですよ。結果は神様のもの、神様が僕に要求されるのはどれだけ努力したかですからね」と答えてくれました。

〔例3〕Cさんご夫妻は信仰の篤《あつ》い人です。長男が商社マンで、フィリピンに四年間勤務していました。その間に長男は、フィリピン人の女性と親しくなり、両親に、その女性と一度会って結婚を許して欲しいと言ってきたのです、両親は非常に驚きました。家族会議をしましたが、親戚《しんせき》の人たちや隣近所の人たちや友人、知人などの思惑を考えずにはいられませんでした。両親は遂にフィリピンへ行き、その女性と女性の家族に会ったところ、良い人たちであることはわかりましたが、国籍の違う女性ということに対する思惑の鎖からは解放されません。悩んだCさんご夫妻は、このとき心を神に向けたのです。神は言われるでしょう、「人間は皆、兄弟姉妹です。国籍、階級を問わずすべて平等です」と。ご夫妻は「そうだ！ そうなのだ！」と心を動かされたのですが、それでもなかなか決心がつきませんでした。「人は何と言うだろう」この思惑の鎖はなかなか断ち切れません。ご夫妻はそれから一生懸命に祈ったそうです。「神よ、私たちに力をお与えください。長男の結婚を喜んで許すことのできる力を」。毎日、熱心に祈りました。日がたつうちに、心が軽くなり、明るくなってくるのがはっきりわかったそうです。そして、もう他人の思惑はどこかへ消えてしまい、喜んでその結婚を許すことができ、今は、長男夫婦と幸せに暮らしているということです。

キリストであったら

〔例1〕夕方、疲れて会社から帰る電車のなかで、サラリーマンのAさんは幸い前の人が立ったので腰掛けることができました。本を読んでいると、隣の高校生らしい男の子が、Aさんの肩に頭をつけたり離したりしながら、居眠りをしているのです。それが、だんだん頭はついたままになって、肩は重くなり、押されてきます。髪の毛が顔にさわって実に気持ちが悪い。Aさんは、肩をグイと引く、学生は姿勢を戻す、間もなくまた頭が肩に乗る。こんなことを繰り返して、Aさんはハッと思ったそうです。

「もしも、この人がキリストであったら……」。私はどういう態度をとるだろう。お疲れなのだろうと考えて、できるだけ気持ちよく休めるように、本など読まずに、心をこめて支えてあげようとするのではないだろうか。キリストは「わたしの兄弟であるこの最も小さい者の一人にしたのは、わたしにしてくれたことなのである」（マタイ25・40）と言っている。この学生のなかにも、キリストはおられる。私は、この学生の疲れをなぜ理解してあげようとしないのか。きっと昨夜も遅くまで勉強したのだろう、きょうはクラブ活動で疲れたのだろう。そう考え始めたら、Aさんはもう肩を引いたり体を引いたりすることはしませんでした。

〔例2〕会社で働くB子さんの隣の机に、社内でも嫌われているCさんが移ってきました。たしかに好きになれない人です。食事のとき箸《はし》で頭をごりごり掻《か》く、その箸を楊枝《ようじ》がわりに口へ入れて歯の間をつつくのです。見ていると気持ちが悪くなります。また、Cさんの話を聞くときは、頭のなかで計算しながら聞かなければなりません。なぜかというと、何の話も針小《しんしょう》棒大《ぼうだい》なのです。Cさんが「道路が四キロも渋滞していた」と言えば、他の人に聞くと「いや、一キロぐらいだった」と、すべてがその調子ですから、だれも言葉どおりには聞きません。それに、だれの机の引き出しでも平気で開けるのです。見つけられて、とがめられても黙っているだけで、あやまるということは決してしません。そんなCさんですから昼の食事に出るときも、だれも誘おうとはしませんし、友だちもできません。

「もしも、この人がキリストであったら……」。B子さんは、自分からお願いして昼の食事にも連れて行ってください、いや、お供させてくださいと言うのではないだろうか。机の引き出しを開けられたら「何がお入り用ですか」と、喜んでお望みの品を差し出すのではないだろうか。Cさんのことをよく考えれば、よいところもいろいろあるのです。涙もろくてすぐ人に同情する、出勤や集合に遅刻することは絶対にない、大掃除のときなど人のいやがる仕事を平気でやる、などの長所を見つけることができます。B子さんは、Cさんの長所を見るように努め、昼の食事も一緒に行くようになり、お互いに理解しあえるようになったのです。

私たちは日常、つい外見にとらわれがちです。自分の地位や学歴や服装や容姿などで、他人と比較して、自分のほうが勝《まさ》っていると思うと、優越感を持ちやすいものです。しかし、神は霊魂だけをご覧になる、ということを思えば、私たちは、どんな人に対しても優越感など、空恐ろしくて、持てないのではないでしょうか。

しかし、泥にまみれた霊魂を持つような私であっても、失望したり、嘆《なげ》くことはないのです。このような私であるからこそ、キリストを迎えることができるのです。キリストは病人や罪びとにこそ、自分から進んで手を差し伸べました。私の霊魂が病人のようであるならばキリストを引きつけずにはおりません。言いかえればキリストを迎える権利があるのです。

パウロが「キリストの力がわたしの内に宿るように、むしろ大いに喜んで自分の弱さを誇りましょう」（二コリント12・9）と言っている、その気持ちがわかるようではありませんか。

復しゅう心からの解放

社員十五名という小さな会社の社長である彼は、社員をわが子のように愛していました。わが子のようにであればこそ厳しくもしましたが、何事にも自分より社員を思う社長でした。給料も、私はこれで生活できるからと言って、自分の分は四年も五年も据え置いて、その分を社員に回すというふうでした。

あるとき、定年が近くなっていた一人の社員から、定年を延長して欲しいという熱心な申し出がありました。会社の規則に定年制はあっても、社長はこれを延長することができることになっています。しかし、この社員Aは最古参で三十年働いていますが、その間に幾度も解雇しようと考えた人でしたから、社長はAの願いを断りました。

それから十日ばかり後のことですが、社長のいないとき、Aは、社長退陣の要求書を作り、全社員に署名させて、社長に提出したのです。それには、現社長は勇退してAを社長にするとありました。

社長はあまりのことに非常に驚きました。しかし、不安はありませんでした。社長は会社の株の過半数を持っているのですから、そんな暴挙を解消させることは簡単なことです。そのうち一人が謝《あやま》り、二人、三人と社長に謝って、A以外はそのグループから下りてしまいました。しかし、その間の社長の心は裂けんばかりでした。「神よ、なぜ、なぜこんなことが起こるのですか、神は私たちに、愛せよ、とお命じになります。私は彼らを愛してきました。それなのになぜ、こんな裏切りを受けるのですか」。社長は一方で祈り、他方では復しゅうを考えていました。Aも、謝りの遅かった社員も解雇しようか。他の者も減棒《げんぽう》しようか。いや、一人ひとり呼んで詰問してやろうか、などと考えました。

社長は、それでも祈り続けていました、というより神に問い続けていたのです。「なぜ、なぜこんな裏切りを受けるのですか」と。神は答えられました。「キリストも愛した弟子に裏切られた」と。そうです。十二使徒の一人ユダは、会計を任せられていたほどの弟子です。それが主キリストを裏切り、キリストは遂に死に至ったのです。社長は、そのときのキリストの気持ちを察しました。私にキリストの真似をさせてくださったと、かえって喜びに心が温められるようになりました。光栄な気持ちになってきたのです。

キリストは、捕われたときも、十字架上での死去のときも、最も愛した使徒たちには逃げ去られてしまい、裏切られました。けれども、復活されたキリストは、彼らの前に現れたとき、それを一言も責めることなく、「あなた方に平安！」と言ったのです。社長は、そうだ！　私も彼らを決して責めないことにしよう、キリストのように、かえって彼らのために祈ろうと決心したのです。キリストに倣《なら》って「父よ、彼らをお赦しください。自分が何をしているのか知らないのです」（ルカ23・34）と。

次の日曜日、社長は教会のミサで、はからずも読まれたペトロの手紙に驚きました。それは次の文章でした。

善を行って苦しみを受け、それを耐え忍ぶなら、これこそ神の御心に適うことです。あなたがたが召されたのはこのためです。……（キリストは）ののしられてもののしり返さず、苦しめられても人を脅さず、正しくお裁きになる方にお任せになりました（一ペトロ2・20―23）。

復しゅうというものは、当人の心も切りさいなむものです。こうして社長は、Aにも、社員のだれにも復しゅうすることなく、柔和に耐え忍ぶことができました。これは社長自身の心の平安のためにも、大きな恵みであったのです。

来世はある

人はだれでも望みを持っています。大学・高校の入試をパスしたい、好きな人と結婚したい、マイホームを持ちたい、などなど、それぞれ違うように見えますが、実はみな同じ望みを持っているのです。それは、「人は皆、幸福を望んでいる」ということなのです。

この、「幸福を望む」ということは、人類の初めから、現在も、未来も変わりません。そしてその幸福とは、束の間の幸福とか不安の伴う幸福ではなくて、不安のない、終わりのない完全な幸福を望んでいるのです。しかし、そんな幸福がこの世にあるでしょうか。しかし、完全な幸福をすべての人が望んでいるなら、それは必ずあるはずです。人は、無いものを望むことはできないからです。

それにしては、この世はあまりにも矛盾が多く、不合理なことが多いと考えさせられます。真面目に一生懸命働いても、会社が倒産したり、病気になったりして、不幸のまま亡くなった人、他方では、他人の迷惑など意にも介さず、自分さえよければよいという生き方をして、財産も地位も得、世の中を楽しく生きている人もいます。これでは神の正義はどこにあるのかと言いたくなります。この世は、神の失敗作なのでしょうか。いいえ、神は全能ですから、失敗のできないお方なのです。

ここで、神の働きのごく一部を見てみましょう。神は天地の万物を創りました。そのなかの太陽・月・星・地球などの天体の運行を見ますと、その秩序の見事さに驚かされます。日食・月食はいうに及ばず、七十年に一回だけというハレー彗星までも、人間が、一分、一秒のくるいもなく観測できるのです。ということは、神が創造し、主宰しておられる天体の運行が、いかに秩序正しいかを物語っているといえるでしょう。このように考えてきますと、神には失敗というものはなく、完全無欠であることがわかります。それならば、なぜこの世が矛盾だらけなのでしょう。それは、人間がこの世だけで終わるのではないからです。この世のあとに来世が続いていて、そこで善悪が精算され、神の正義がまっとうされるのです。そして、この来世にこそ、完全な幸福が用意されているのです。私たちの求め続けた、不安のない完全な幸福は来世においてこそ得られるのです。

苦しいとき

カトリック信者が好んで使う祈りに「ロザリオの祈り」があります。これは、聖母マリアに祈りのバラの花束をささげて、神に取り次ぎ、執《と》り成《な》しを願うものです。このロザリオの祈りは、短い祈りを繰り返しながら、キリストの生涯と復活を黙想しますので四つの奥義に分かれています。喜び・苦しみ・栄え・光の四つです。このなかの苦しみの奥義について考えてみたいと思います。それは、キリストの受難と死を黙想するものです。

その最初は、ゲッセマネにおけるキリストを黙想します。キリストは最後の晩さんを済ませて、使徒たちと一緒に、近くのゲッセマネの園へ行きました。このときキリストは、ご自分が殺されることをはっきり知っておられました。ですからあの祈りが口から出たのです。「父よ、あなたは何でもおできになります。この杯をわたしから取りのけてください。しかし、わたしが願うことではなく、御心に適うことが行われますように」（マルコ14・36）と。人間が、はっきりした意識のなかで、しかも若くて健康なときに、自分の苦しい死を、そのときを、はっきり知るとしたら、とても耐えられないのではないでしょうか。第二連は、キリストが、鞭《むち》で体中を打たれて、身を反《そ》らしながら血が流れる様を黙想し、次には、茨《いばら》の冠をかぶせられて、その顔は激しい痛さにゆがみ、顔にも首にも血がしたたり落ちる、その様を黙想しながら祈ります。第四連は、その傷だらけ、血だらけになって、体力も尽き、息も絶えだえのキリストが、自分がつけられる十字架の横木を背負わされて、一歩、そして一歩と、よろめきながら歩く姿を黙想するのです。そして最後に、刑場に着いたキリストが、十字架に両手、両足を釘づけにされ、遂に「成し遂げられた」(ヨハネ19・30)と言って、息絶える姿を想うのです。

もしもあなた自身が、十字架の上に置かれて、手のひらに長い太い釘を金槌《かなづち》で打ち込まれるとしたらどうでしょう。あるいは、あなたの最愛の人が、あなたの目の前で釘を打たれているとしたら、あなたは飛び出して行って、その役人を殺そうとするのではないでしょうか。

ある人は、この第五連を黙想するとき、いつも田舎の母親が思い浮かぶそうです。善良な慈愛深いその母親が、もしも十字架に釘づけにされようとしたら、自分は役人を殺すか、それができなかったら、自分が代わろうとして飛び出すのではないかと思うと。ところが、そのまた代わりをキリストが引き受けてくださったのです。それによって母も自分もゆるされたのです。キリストは、私たちすべての人の罪を背負って、私たちの代わりに釘づけにされ、死んでくださったのだと。

あなたが今、もし苦しんでいるとしたら、あるいは痛みがあるとしたら、このキリストの苦しみと死を考えていただきたいのです。それに比べてあなたの苦しみのほうが大きいでしょうか。しかも、キリストは、あなたのために苦しみ、死んでくださったのです。

私たちは、キリストの死苦を黙想することによって、大抵の苦しみ、痛みは耐えやすくなるのではないでしょうか。

あなたは愛されている

その人は四十歳で結婚に失敗し、実家に戻って母娘二人でむつまじく暮していました。ところが母親が交通事故で突然に亡くなってしまいました。「なぜ、このような辛い出来事が自分の身に起きたのだろう。今までの自分の罪の結果なのだろうか。それとも持って生まれた不幸な運命のためか。こんなに悩み苦しむ辛い思いをしながら、私が生きていく意味はどこにあるのだろう」。一人残された彼女は、生きる気力を失い、勤めていた会社へも行かなくなってしまい、毎日をただぼんやりとなすこともなく過していました。

そんなある日、カトリック信者の友人が訪ねてくれて、言いました。「あなたをとても愛している人がいるのよ。あなたはそれを知らないでしょうけれど、その方はあなたをいのちがけで愛しているのよ」。彼女は力のない目で友人を見ていました。友人は続けて言いました。「それはイエス・キリストよ。キリストはあなたをいのちがけで愛して、そのために十字架にかけられて死なれたのです」。彼女は言いました。「そんなこと私に関係ないわ」と。友人は彼女の手をとって、優しく話し続けます。「この地球上に、あなた一人だけしかいなかったとしても、キリストは、そのあなた一人のために、あなたの罪を全部、背負って、あなたの身代わりに十字架に釘づけにされて死んでくださったのです。何のために？　それはあなたが明るく生きられるために。そして、あなたがこの世を終わったあと、天国で神様と一緒になって、完全な幸福のなかで永遠に生きることができるために……」。

父なる神・キリストは、私たちを一人ひとりかけがえのない者として愛しているのです。しかも、十字架での死という苦しい死をもいとわず、いのちがけで愛しているのです。そして、今も、いつも私たちのそばにいてくださるのです。私たちが苦しいとき、悩んでいるとき、神・キリストは、私以上に苦しみ、悩みながらも、私の荷を軽くするために導いていてくださるのです。

ついに彼女は「教会へ行って話を聞きたい」ということで、教会へ通い始めました。次第に表情も明るくなり、洗礼の恵みを受け、教会の事務員として働くようになりました。彼女は生まれ変わったように明るくなり、しみじみ言っておりました。「私は、母の死という苦しみがなかったら、一生、こんな安らぎも幸せも味わえなかったでしょう。神様は、私たちが苦しんでいるときこそ、そばにおられて導いてくださるのだということがわかりました」と。

感謝は恵みを招く

六十五歳を過ぎたある老人が、年金を受け取るようになりましたが、その人は、自分は生活に困らないからということで、年金を受け取るたびに、知人の恵まれない人たちに、年金の全額を送金しておられます。それは、長い間病床にある人や老人ホームにいる人、体が弱くて働けない人や子どもが多くて生活の苦しい人、一人暮しの貧しい老人などです。

この人が、あるとき次のようにもらしていました。「三万円、五万円はたしかに大したお金ではないでしょう。けれども、それを送るときは心をこめた手紙も送るのですから、それが着いたときは、一言『無事に着きました』と電話でも葉書でももらえたらうれしいのですが、何にも言ってくれない人があるのです。もちろん、お礼を言ってもらいたいというのではありませんが」と。

私たちは、神に対してどれほど感謝しているでしょうか。感謝もしないで、〝恵まれていない〟と不平、不満をいだいているのではないでしょうか。私たちは、一本の虫歯の痛みにも不満を持ちます。その歯の痛みだけに目を向けてしまうのです、他の歯はみな健全だ、いや、目も歯も耳も健全、それどころか頭も心臓も、胃も腸も、手も足も、みな健康だということに気がつけば、どんなに感謝しなければならないかがわかるはずです。一つの不幸にばかり目を向けてしまって、大きな恵みを忘れがちになるのではないでしょうか。

ある幼稚園の先生が、園児に「太陽と月とどちらがありがたいですか」と聞きました。一人の園児が答えました。「先生、月のほうがありがたいです。太陽は明るい昼間に出るからありがたくありません。月は暗い夜に出て明るくしてくれるから月のほうがありがたいです」と。私たちは、これを笑うことはできません。

私たちは、電気やガスの料金を払って、ありがたいものと思い、無償でいただいている太陽の光や熱のことは忘れがちです。神は私たちに、太陽を与え、空気を与え、水も大地も、植物も動物も、みんな無償で与えているのです。

きょう私は、健康をいただいた。平和をいただいた。庭にきれいな花を咲かせてくださった。友だちの病気見舞いに行かせてくださった。あのとき、ひどいことを言われたけれど忍耐させてくださった。私たちは、きょう一日を振り返ってみれば、神はどんなに多く恵みを与えているかがわかるはずです。それらを毎日、神に心から感謝しましょう。

その感謝こそが、恵みを招くのではないでしょうか。

Q 「あがない」による救いとは何でしょうか?

A 確かに神は全能であり、自由な方であるはずですから、救いの方法はまったく神様の自由であって、それについて人間の側から、こうでなければならない、ということを決めることはできません。キリストのあがないなしに人間をゆるし、救う方法があったかもしれませんが、それについて私たちは知る術《すべ》はありません。

聖書(啓示)と救いの歴史を通じて私たちに知られていることは、この歴史の中に、イエスという方が到来し、その方がご自分の十字架の死による「あがない」によって神のゆるし・和解をもたらし、神の命(永遠の命)を与えてくださったということです。

これはもちろん啓示を受け入れる信仰による理解であって、論理的な真理とか科学的真理のようにだれもが認めるというものではありませんが、差し出されている啓示は、私たち人間にとって不条理なことというよりも、まず何よりもありがたいものだと思います。新約聖書全体はこのイエスのあがないへの賛美の記録ともいうべきもので、随所にこの未曽有の恵みへの賛嘆の言葉が記されています。

たとえば、「エフェソの信徒への手紙」の1章をゆっくりお読みください。それによれば、イエスによる救いは、人間が失敗したので、神がたまたま思いついて行った応急手当のようなものではありませんでした。次のように述べられています。

「神は、わたしたちをキリストにおいて、天のあらゆる霊的な祝福で満たしてくださいました。天地創造の前に、神はわたしたちを愛して、御自分の前で聖なる者、汚れのない者にしようと、キリストにおいてお選びになりました。イエス・キリストによって神の子にしようと、御心のままに前もってお定めになったのです。神がその愛する御子によって与えてくださった輝かしい恵みを、わたしたちがたたえるためです。わたしたちはこの御子において、その血によって贖《あがな》われ、罪を赦されました。これは、神の豊かな恵みによるものです」（エフェソ1・3－7）。

私たちはどうしてもイエスのあがないの現象面に目がいきがちで、受けられた残酷なまでの苦しみが果たして必要であったかどうかを考えます。これは人間として当然の反応ですが、神の考えはしばしば人間の考えと異なります（マタイ16・23参照）。その「なぜ」を私たちは理解できませんが、次のような聖書の教えを信じることはできます。

「キリストは、神の身分でありながら、神と等しい者であることに固執しようとは思わず、かえって自分を無にして、僕の身分になり、人間と同じ者になられました。

人間の姿で現れ、へりくだって、死に至るまで、それも十字架の死に至るまで従順でした。このため、神はキリストを高く上げ、あらゆる名にまさる名をお与えになりました。」（フィリピ2・6－11）。

「愛する者たち、互いに愛し合いましょう。愛は神から出るもので、愛する者は皆、神から生まれ、神を知っているからです。愛することのない者は神を知りません。神は愛だからです。神は、独り子を世にお遣わしになりました。その方によって、わたしたちが生きるようになるためです。ここに、神の愛がわたしたちの内に示されました。わたしたちが神を愛したのではなく、神がわたしたちを愛して、わたしたちの罪を償《つぐな》ういけにえとして、御子をお遣わしになりました。ここに愛があります」（1ヨハネ4・7－10）。

これらの個所からも分かるように、イエスによるあがないは、「神の恵み」であったということが大切です。その恵みが私たちに差し出されており、私たちは、この方を通して、ゆるし・和解を受けるだけではなく、「神の子」とされるのです。

こうしてキリストを信じ、水に浸ることによってキリストの死と葬りに結びつけられ、水から出ることによって復活することを表す（ローマ6・4－8参照）洗礼を受けることにより、すべての罪がゆるされ、神の子としてキリストと共に生きる者になります。それは、永遠の命の源である神へと向かって歩き出すことを意味します。罪がゆるされ、罪から解放され、新たにキリスト者として生きる人生が始まるわけですが、だからと言ってさまざまな困難がなくなるということにはなりません。いつかは人生の終焉を迎える日も間違いなくやってくることでしょう。

しかし、人がさまざまな悩みや苦しみの中にありながら、日々の歩みを進めていくとき、いつも語りかけることができる祈りの対象があり、聖霊の導きの中で、神への方向、希望の道へと導く平安が常にあるという安心を得ることは、厳しい人生を生きていくうえで、何よりも幸いなことではないでしょうか。

人間を超えた存在である神との関係性が非常に希薄になり、無関心が当たり前のようになって、人と人とのコミュニケーションも弱くなりがちで、問題が尽きない人間の社会に生きる私たち。だからこそ、その関係性を死と復活という形で決定的に回復させてくださる、すべての人の救いとしての「あがない」が必要だったと言うこともできるかもしれません。キリストの復活こそは、人の生を根本的に断ち切ってしまう死さえも乗り越える、徹底的な救いでした。

イエス・キリストを通して新たな神の命をいただき、天の父に親しく語りかけながら共に人生を生きる喜びを、ぜひ皆さまも味わっていただければと願っております。

はじめて出会うキリスト教

●

2017年１月25日　初 版 発 行
2021年７月20日　第２刷発行

編　者　オリエンス宗教研究所

発行者　オリエンス宗教研究所
代　表　C・コンニ
〒156-0043　東京都世田谷区松原2-28-5
☎ 03-3322-7601　Fax 03-3325-5322
https://www.oriens.or.jp/
印刷者　有限会社 東光印刷

ISBN978-4-87232-097-8　Printed in Japan
東京大司教出版認可済

オリエンスの刊行物